成语西游记

陈春香／著

民主与建设出版社

图书在版编目（CIP）数据

白龙马日记 / 陈春香著．—北京：民主与建设出版社，2017.8

（成语西游记）

ISBN 978-7-5139-1452-9

Ⅰ.①白… Ⅱ.①陈… Ⅲ.①汉语－成语－故事－少儿读物 Ⅳ.①H136.31-49

中国版本图书馆 CIP 数据核字（2017）第 204174 号

白龙马日记
BAILONGMA RIJI

出 版 人 许久文
著　　者 陈春香
责任编辑 郎培培
封面设计 思想工社
出版发行 民主与建设出版社有限责任公司
电　　话 （010）59417747　59419778
社　　址 北京市海淀区西三环中路 10 号望海楼 E 座 7 层
邮　　编 100142
印　　刷 北京彩眸彩色印刷有限公司
版　　次 2017 年 12 月第 1 版　2023 年 3 月第 2 次印刷
开　　本 710mm × 1000mm　1/16
印　　张 8.5
字　　数 86 千字
书　　号 ISBN 978-7-5139-1452-9
定　　价 26.80 元

PREFACE 前言

由明代小说家吴承恩创作的《西游记》，是中国第一部浪漫主义长篇神魔小说，被列为中国古典文学四大名著之一。自问世以来，此书精彩曲折的情节和传达的斗争精神一直牢牢吸引着人们，在世界范围内获得无数好评。

与原著《西游记》略有不同的是，《成语西游记》不仅借鉴了唐僧师徒四人西天取经的故事框架、惩恶扬善的思想内核，还将成语文化巧妙地融入故事当中，每篇故事都运用不同的成语，并附上简明的解释，让小读者们在阅读故事的同时，自然地掌握更多的成语知识，提高语文涵养和写作水平。此外，书中趣味十足的训练题也有助于强化小读者们对成语的记忆，只有先记牢了，以后才能用得好。

清华附小有句口号：“改变，从阅读经典开始。”本书的精彩故事和成语在增长小读者们知识的同时，还能培养他们的阅读兴趣，带领他们走向阅读经典的道路。

成语，经过历史的沉淀，凝聚着前人的智慧，内涵丰富，意义深远，并且读起来琅琅上口，带有一定的节奏美和韵律美。在中国的文化长河中，成语宛如一颗光彩夺目的珍珠，处处闪烁着动人的独特光辉，我们每一个人都应该认真学习、掌握。

《成语西游记》中，唐僧善良，孙猴子调皮，猪八戒好吃，沙僧沉稳，白龙马忠心耿耿，笔者在生动讲述师徒四人西天取经故事的同时，还展现出他们勇敢坚强、乐观向上的一面，为小读者们描绘出一个全新的“西游世界”。

唐僧不懂法力，但他心地善良，不畏艰难，一心向往取得真经，毫不动摇；孙悟空法力高强，一切妖魔鬼怪都难逃他的火眼金睛，他凭借着自己通天的本领，多次帮师父化险为夷；八戒好吃懒做，但他不仅会三十六变，手中的九尺钉耙也是威力巨大，能说会道的他还解决了许多团队之间的小矛盾；寡言少语的沙僧最不惹人注目，但他老实本分，甘做行李搬运工，任劳任怨，也值得敬佩。

这样四个性格、能力都截然不同的人相遇、相识，结为同伴，一行人说说笑笑、吵吵闹闹，互相扶持着向西方前行。这期间，他们遇到了形形色色的妖怪，帮助了无数受苦受难的百姓，获得了人们的尊重和爱戴。

取经之路，山高水长，小读者们，快跟着唐僧师徒一起，到西游世界中一饱眼福吧！

主角闪亮登场

唐僧

唐朝第一高僧。他以取经为己任，尽管取经之路艰难险阻，依然勇往直前。他心地善良，但总是误会能识破妖魔诡计的孙悟空，等被妖精抓到后，才大喊：“悟空，救我！”

孙悟空

自称齐天大圣，唐僧的大徒弟。他法力高强，会七十二变，一个筋斗能翻十万八千里，如意金箍棒能随心变化；他的火眼金睛能看穿妖魔鬼怪的伪装，常常帮助师父化险为夷。

猪八戒

法号悟能，诨名八戒，唐僧的二徒弟。他虽好吃懒做又贪玩，但也有一身好本事。他不仅会三十六天罡变，还是个能言善道的机灵鬼，解决了小团队的许多矛盾。

沙悟净

又称沙和尚、沙僧，唐僧的三徒弟。他个性憨厚，忠心耿耿，不像孙悟空那么叛逆、调皮，也不像猪八戒那样好吃、懒惰，一心跟着唐僧去西天拜佛取经。

白龙马

唐僧的坐骑。他本是西海龙王三太子，因纵火烧毁玉帝赏赐的明珠，被贬到蛇盘山鹰愁涧。之后，又误吃唐僧所骑的白马，被菩萨点化，变身为白龙马，载着唐僧上西天取经。

CONTENTS 目录

第16集

遇见龙女公主

鬼鬼祟祟 / 面色如土 / 供认不讳
色厉内荏 / 东躲西藏 / 同流合污
回心转意

第17集

小白龙智取宝物

温情脉脉 / 东窗事发 / 朋比为奸
狼狈为奸 / 感恩戴德

第18集

朱紫国国王得了相思病

络绎不绝 / 熙熙攘攘 / 惹是生非
装模作样 / 料事如神 / 感激涕零

第19集

猴哥不仗义，让我当药引子

迫不及待 / 暴殄天物 / 不知所以
异口同声 / 轻而易举 / 闷闷不乐

第20集

皆大欢喜取西经

风和日丽 / 天朗气清
如堕五里雾中 / 哑然失笑
斜风细雨 / 久别重逢

什么也没说

喂，你这次考试又没及格，你姨妈说你什么了吗？

要省掉脏话和用鸡毛掸子打我的部分吗？

当然啊！

哦，那她什么也没说。

趣学故事汇

第1集 白龙马闪亮登场

话说蛇盘山有一条神奇的涧河，它有千万个孔洞相通，水光清澈，**一览无余**[1]，社燕秋鸿不敢从头上飞过，因为水清容易照见自己的影子，认为是同群鸟，不留神就会一头扎进河里，所以人们管这条涧叫鹰愁涧。

鹰愁涧还有一个特别的地方，就是潭底深处，住着一条玉龙。那玉龙有**移山倒海**[2]的本事，懂得变化之术，使用一根长戟，**威风凛凛**[3]。河里的小鱼、小虾无不把他当偶像，整天跟在他屁股后边，三太子、三太子地叫。那玉龙究竟是什么身份，怎么会有三太子的称号？原来这条玉龙是西海龙王的小儿子——敖烈，人人都叫他三太子。

①一览无余

览：看；余：剩留。一看就全在眼里了。形容事物简单或平淡无味。

近义词：一目了然

反义词：无

②移山倒海

使大山移动，使大海翻个。比喻法术高超神妙。亦常用来形容人类改造自然的巨大力量和宏伟气魄。

近义词：翻江倒海

反义词：无

③威风凛凛

凛凛：严肃，可敬畏的样子。形容威武雄壮，很有气派，声势逼人。

近义词：顶天立地

反义词：威风扫地

这一天，敖烈盘踞在潭底，捋着胡须思忖："观音菩萨让我在这儿等取经人，可我左等不来，右等也不来，这取经人究竟在哪儿啊？"正当他**百无聊赖**[4]时，几只虾鱼蟹精端着美味佳肴出现，请三太子品尝。

敖烈睁眼一瞧，只见满桌子都是小黄鱼、水草，还有一些地面上的禽类。敖烈越看越窝火，生气地说："你们就给本太子吃这些东西？一点儿油水都没有。"虾鱼蟹精听了，赶紧跪在地上说："请三太子恕罪呀，这已经是鹰愁涧最好的食物了。"

敖烈闭着眼睛，随手抓起一条小鱼放到嘴里，还没嚼几下就把它吐了出来，皱着眉头说："唉，这些东西简直**味同嚼蜡**⑤，我怎么吃得下去呀？"他摇摇万丈长的尾巴，把虾鱼蟹精都轰走了，自己缩成一团，打起盹来。

睡梦里，他回到**烟波浩渺**⑥的西海，虾兵蟹将都站成两列，欢迎他重回龙宫。十几个侍女给他端来山珍海味，都是西海特有的佳肴点心，那生活真是滋润。

④百无聊赖

聊赖：依赖，依托。思想感情没有依托，精神空虚无聊。

近义词：穷极无聊

反义词：无

⑤味同嚼蜡

味道像嚼蜡一样。形容文章、语言等枯躁无味。

近义词：索然无味

反义词：饶有兴味

⑥烟波浩渺

烟波：烟雾笼罩的江湖；浩渺：水面辽阔。形容江湖水面十分辽阔。

近义词：一望无际

反义词：无

小朋友，你们玩过连连看吗？让我们一起动手把左右两侧相关联的诗句和成语连起来吧！

花谢花飞飞满天

君王掩面救不得

高堂明镜悲白发

柳暗花明又一村

峰回路转

落英缤纷

顾影自怜

爱莫能助

根据箭头方向，完成下图的成语填空游戏。

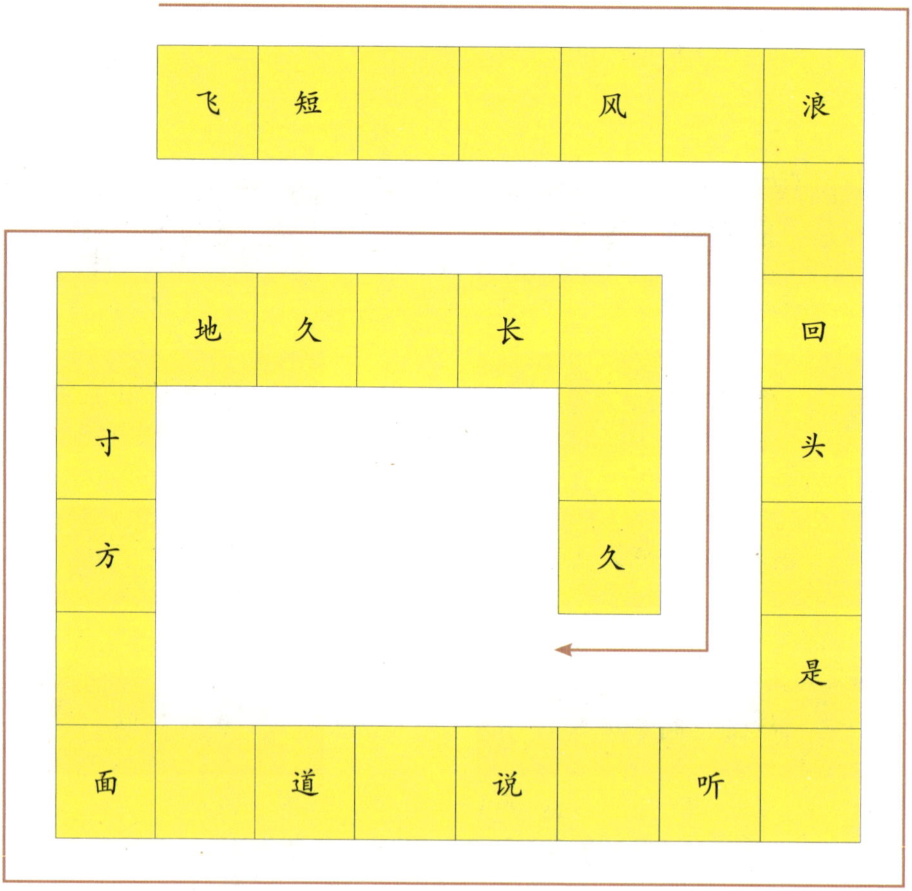

	飞	短			风		浪
	地	久		长			回
寸							头
方					久		
							是
面		道		说		听	

白龙马讲笑话

座右铭

趣学故事汇

第2集 触犯天条心里苦

敖烈在梦里又过上了太子的生活，正高兴时，突然从梦中惊醒，喃喃自语说："原来是**黄粱一梦**[1]呀。"敖烈想起往日的种种，不由黯然神伤。原来敖烈并不是自愿到鹰愁涧生活的，他是因为触犯天条，为了赎罪才来到这里的。

想当初，敖烈是西海龙王敖润的三太子，无人不知，无人不晓，虾兵蟹将对他是**言听计从**[2]，威风得不得了。多年前，玉皇大帝曾赐给西海龙王一件明珠宝物，被龙王放置在龙宫殿内欣赏。三太子敖烈性格火暴，最不喜欢受人束缚，父王越是不让他干什么，他就越要干什么，常常气得老龙王生气上火。

①黄粱一梦

黄粱：小米。在煮熟小米饭的时间里做的一场好梦。比喻虚幻的事情、不切实际的空想和破灭了的希望。

近义词：南柯一梦

反义词：无

②言听计从

听：听从；从：依从。说的话都相信，出的主意、计谋都采纳。形容对某人十分信任、依从。

近义词：言听计行

反义词：无

③屏气凝神

屏气：抑制呼吸；凝神：凝聚精神。形容注意力高度集中。

近义词：屏声息气

反义词：漫不经心

这天，老龙王又和三太子大吵一架，气呼呼地离开了。三太子心里憋屈，就想找什么东西发泄，忽然他看见大殿上的明珠，想起那是父亲心爱之物，就**屏气凝神**[3]，从腹中喷出一股不灭火龙，将明珠烧毁了。看着**支离破碎**[4]的明珠，三太子出了心头一口恶气。

当天傍晚，老龙王回到龙宫一看，明珠被三太子烧毁了，顿时大发雷霆，他指着三太子的鼻子一顿臭骂：“你这个不孝子，你知不知烧毁玉帝赏赐的明珠，那是要诛九族的！为了整个西海龙宫，父王只能牺牲你了。”说完，他驾云直接飞上云霄宝殿，见了玉皇大帝就喊：“请陛下恕罪，我的三儿子犯了忤逆大罪，还请陛下**从宽发落**⑤。”

玉皇大帝弄清**来龙去脉**⑥后十分生气，立即下旨把三太子敖烈押到斩首台，要将他处死。敖烈更是**悔不当初**⑦，声泪俱下，希望玉皇大帝能饶自己一命。

斩龙的天神咕噜噜喝下一口酒，又喷在斩龙刀上，眼看时辰到了，他双手举起大刀，就要向三太子砍去。说时迟那时快，一道佛光闪过，天空中传来一个声音：“住手！”众天仙闻声望去，只见观音菩萨停在半空。

菩萨笑着说：“陛下，三太子敖烈虽然触犯天条，但罪不至死，不如把他交给我吧。”玉皇大帝见菩萨求情，就答应放了敖烈，让他跟菩萨去了。菩萨知道敖烈有心改过，就让他到鹰愁涧等唐朝和尚，算是将功补过。就这样，敖烈来到了鹰愁涧。

④支离破碎

支离：分散，残缺。形容零散破碎，不成整体。也形容散乱没有条理。

近义词：四分五裂

反义词：完美无缺

⑤从宽发落

发落：处置、处理。采取宽大的原则处置。

近义词：赦过宥罪

反义词：严刑峻法

⑥来龙去脉

原是旧时讲究风水迷信的人对山脉的走势和趋向的一种术语，他们把山形地势说成像龙的血脉那样连贯着。后来也比喻人的来历或事物前后关联的线索。

近义词：前因后果

反义词：来历不明

⑦悔不当初

悔：后悔，悔悟；当初：开头。后悔当初没有那样做或不该这样做。

近义词：后悔莫及

反义词：执迷不悟

回环龙游戏

回环龙游戏，即是将成语的首尾重合。快将下面的回环龙补充完整吧。

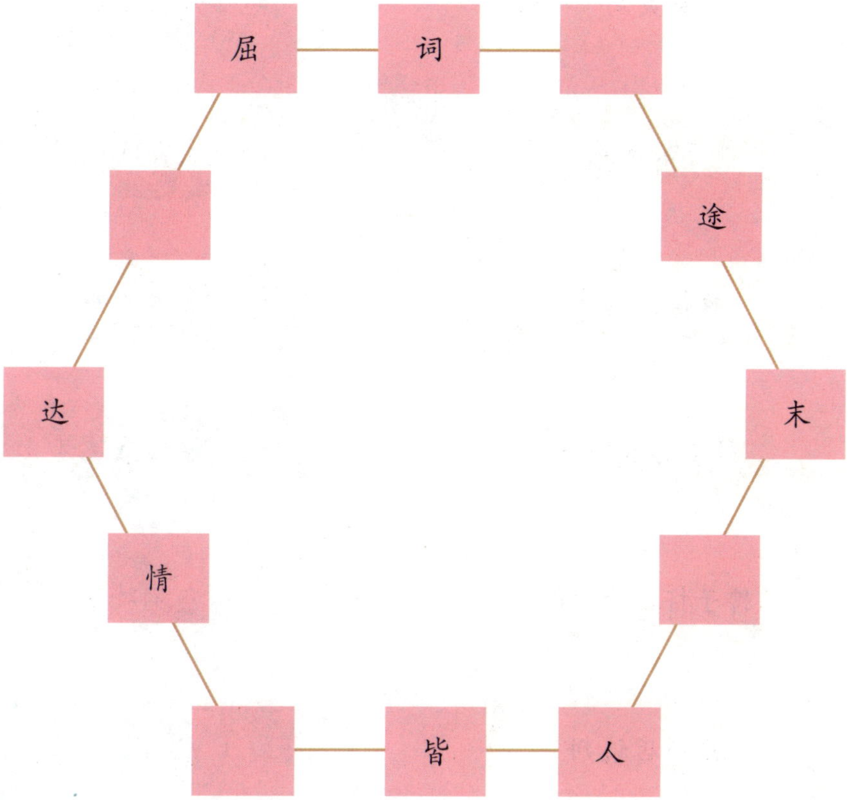

屈　词　□
□　　　　途
达　　　　末
情　　　　□
□　皆　人

你猜过灯谜吗？让我们一起把灯谜的谜底和谜面连起来吧。

谜面	谜底
百灵鸟	师出无名
百米赛跑	大器晚成
夜校出人才	良莠不齐
拜在隐者门下	奋起直追
稗子挤在禾中间	美不胜收
板门店谈判	燕语莺声

白龙马讲笑话

留意你的同桌

第3集 偶遇和尚，吃掉白马

这天，三太子在潭底打盹，突然被河岸的说笑声吵醒。他瞪着一双龙眼，喘着粗气，气呼呼地说：“是谁打扰我睡觉？”鱼虾蟹精小跑着来报：“报，河岸上来了两个和尚，一个毛脸雷公嘴，一个**油头粉面**[①]！”

三太子说：“待我看看，究竟是什么人！”说完，他就从水中钻了出去。刚一出来，他就看见一个和尚，俯身冲过去就要抓走。就在这时，一个尖嘴猴子冲了过来，一把将和尚救下来，嘴里还喊着：“师父，师父！”三太子琢磨不能**一无所获**[②]，见岸上有匹白马，顿时嘴馋，俯冲过去一口将白马吞进肚子，潜到水里去了。

①油头粉面

形容妇女打扮得娇艳轻浮。

近义词：浓妆艳抹

反义词：蓬头垢面

②一无所获

什么也没得到。

近义词：宝山空回

反义词：满载而归

那猴子气得**暴跳如雷**③，在岸上嚷嚷不停。三太子仔细一听，河岸上不止两人，好像还有一路神仙。岸上的几个人越说声越大，三太子听得**心烦意乱**④，就想把他们都吞进肚子里去。他纵身跃浪翻波，跳上岸来，瞧见猴子就打。

③暴跳如雷

暴跳：猛烈地跳起脚。愤怒得蹦跳呼喊，像打雷一样猛烈。形容大怒大吼的样子。

近义词：大发雷霆

反义词：平心静气

两人斗了一会儿，三太子看那猴子身手不凡，心里琢磨：哎呀，这猴子真难缠，不如我潜到水里，一会儿给他来个出其不意！接着，他转身跳进河里不见了。

三太子躲在潭底**默不作声**⑤，悄悄听岸上的和尚商量对策。岸上的大和尚见马被吃了，急得哭了起来，说："哎呀，这可怎么办？咱们还有千万里路，没了马这让我怎么走呀？"那丑和尚急忙安慰说："师父，你别着急，他把你的马吃了，我一定让他吐出来还你！"

三太子在水下听了个**一清二楚**⑥，笑着说："这两个和尚真奇怪，为了匹马哭声连连，也不害臊。那猴子更是可笑，连我在哪儿都不知道，还敢**大言不惭**⑦让我还马？"说完，便趴在潭底闭目养神。

④心烦意乱

形容心情烦躁或烦闷，思绪杂乱。

近义词：心神不安

反义词：神闲气定

⑤默不作声

沉默着，不作声，不说话。

近义词：默默无言

反义词：高谈阔论

⑥一清二楚

形容清清楚楚。

近义词：无

反义词：若明若暗

⑦大言不惭

惭：惭愧。说大话不觉得惭愧。

近义词：自吹自擂

反义词：妄自菲薄

小朋友，请开动脑筋，将下图空缺的成语补充完整。

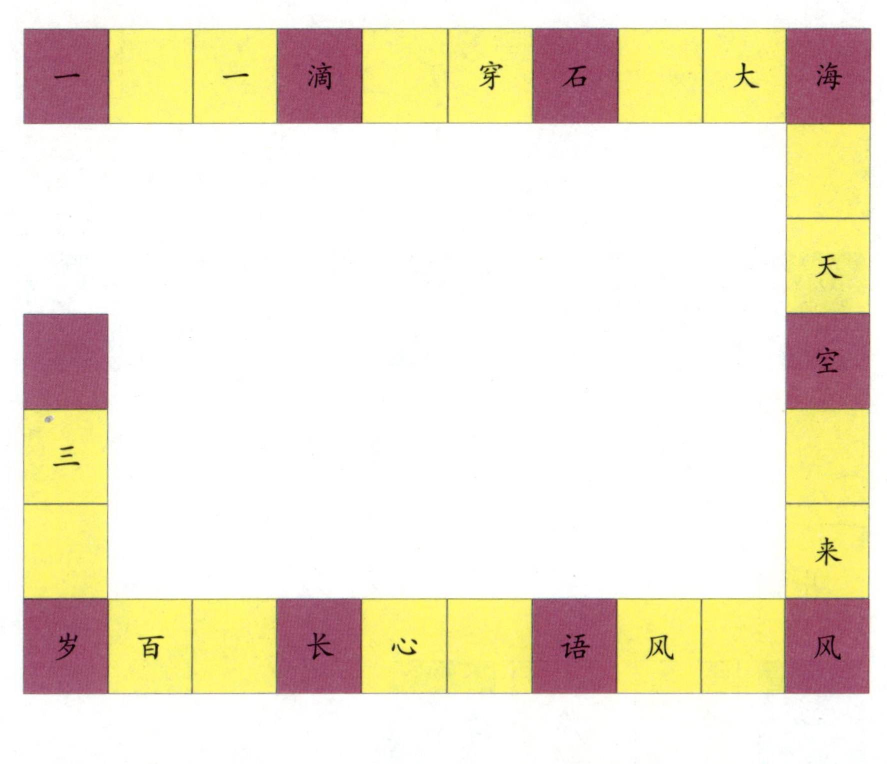

兵队大集合

开动脑筋，将下面的成语接龙补齐。

白		做	梦		以	求
						不
只	影		形	忘		得
片						
语		伦				

催眠的作业

第4集 开玩笑，吃了怎么吐出来

话说三太子敖烈吃了两个和尚的马，却不知道他们的身份。原来那二人就是西天取经的唐僧和齐天大圣孙悟空。

悟空在岸上等了好一会儿，不见三太子冒头，自己又不知道上哪儿去找，急得像只没头苍蝇。唐僧见徒弟没法子，拍着大腿说："徒弟，你不是有打虎的本领，怎么打不过这条孽龙呀？"悟空最受不了激将法，听了这话，掏出金箍棒，跳到河涧边，使出**翻江倒海**[①]的本事，把鹰愁涧搅得如同九曲黄河泛涨的波涛。

三太子正在潭底休息，没想到河水突然翻滚起来。他一睁眼，瞧见所有的鱼虾都**横七竖八**[②]

> **①翻江倒海**
>
> 把江海倒翻过来。形容波涛汹涌，水势浩大。也比喻威力或声势大。
>
> 近义词：波涛汹涌
>
> 反义词：风平浪静

> **②横七竖八**
>
> 有的横着，有的竖着。形容杂乱无章。
>
> 近义词：杂乱无章
>
> 反义词：井井有条

③福无双至

幸运的事不会接连到来。

近义词：无

反义词：双喜临门

地倒在地上，自己的龙须上还挂着一大串淤泥。他心头顿时燃起一团烈焰，两只龙爪向前一抓，发出一声惊人的怒吼，叫道："好啊，真是**福无双至**③，**祸不单行**④。我才逃过天条的死难，今天

就撞见这泼猴，当我是好欺负的吗？”

说着，他纵身一跃冲出了水面，见那猴子正拿棒子搅弄河水，气得**咬牙切齿**⑤，生气地问：“你是哪里来的猴子，竟然这样欺负我！”悟空说：“你别管我是哪儿的，快把马还给我！”三太子一听，哈哈大笑，说：“我已经把你的马吃了，怎么还给你？”悟空生气地说：“你给我把马吐出来！”

三太子也是满脸不悦，没好气地说：“你让我还我就还？我偏不吐，看你能拿我怎么办！”悟空气得**怒目横眉**⑥，大喊道：“好，你不吐，我今天就打到你吐！吐不出来，我就把你杀了，给我的马报仇！”说着，挥舞着金箍棒冲了过去。那三太子也不是好欺负的，迎面冲了上去。一龙、一猴，两个从河岸一直打到悬崖边。

④祸不单行

祸：灾难；行：到来。指不幸的事接二连三而来。

近义词：雪上加霜

反义词：因祸得福

⑤咬牙切齿

切齿：咬紧牙齿。形容极端痛恨或仇恨。

近义词：切齿痛恨

反义词：无

⑥怒目横眉

横眉：怒目而视的样子。眉毛横着，眼冒怒火。形容凶恶、蛮横或愤怒的样子。

近义词：直眉瞪眼

反义词：慈眉善目

阅读古诗，将对应的成语用线连起来。

君王掩面救不得	一见如故
无心插柳柳成荫	歪打正着
相逢何必曾相识	不同凡响
此曲只应天上有	爱莫能助

沿着顺时针方向补齐下图的成语，看谁写得又好又快。

	络	人	
		意	烦
放	臣	贼	
的		乌	虚

白龙马讲笑话

不值得难过

趣学故事汇

第 5 集

泼猴，让我来会会你

来到悬崖边上，三太子有点**招架不住**[①]，摇身一变化作一条水蛇钻进了草丛。悟空紧追不舍，到草丛里寻找三太子的踪影。找了半天，也没找到敌人的踪影，急得他**七窍生烟**[②]。

此时，三太子早就回到了潭底，美滋滋地躺在石床上休息，他笑着说："这鹰愁涧有千万个孔洞相通，只要我钻进水里，你就是有天大的本事，也奈何不了我。"三太子刚要睡觉，就感到一阵**地动山摇**[③]，他变成水蛇悄悄地游到河边，想看看悟空在做什么。

浮到河边，只见那猴子急得**抓耳挠腮**[④]，搓手跺脚，嘴里还嚷嚷着什么。三太子寻思，这泼

①招架不住

招架：抵挡。抵挡不了或没有力量再支持下去。

近义词：难以为继

反义词：无

②七窍生烟

形容气愤之极，好像耳目口鼻都要冒出火来。

近义词：怒不可遏

反义词：心平气和

③地动山摇

地被震动，山也摇摆。形容声势浩大。

近义词：山崩地裂

反义词：无声无息

猴本事高强，离得近恐怕被他发现，就找了个远一点儿的草丛观察。只见那猴子叫来土地神，跟他们说着什么。三太子心想："这臭猴子还找了帮手！哼，他们一定是在商量对付我的方法。我

还是先潜在水底下，等风头过了再出来。”

那两个土地神见是悟空，又瞧他一副要吃人的模样，吓得大气都不敢喘，**小心翼翼**[5]地问：“不知大圣找我们有什么事？”悟空生气地问：“快告诉我，这河水里到底住了什么妖精？”土地神听了这话，**不知所云**[6]，连忙说：“大圣是不是弄错了，鹰愁涧里并没有妖精呀。”

悟空没好气地说：“你们还想骗我？我跟师父路过这里，没想到从水里钻出一条白龙，他想劫我师父被我拦住，没曾想，又吃了我们的马。不是妖精，是什么？”

土地神这才知道悟空找的是三太子，连忙劝说道：“大圣误会啦，他不是什么妖精，而是西海龙王的三太子。他平时很少出来，只有饿的时候才会露面捕捉些飞禽走兽吃。大圣要是想降服他，到南海找观音菩萨就行。”

④抓耳挠腮

抓耳朵，搔腮帮子。形容焦急、苦恼或忙乱时无计可施的样子。也形容高兴的样子。

近义词：手舞足蹈

反义词：泰然自若

⑤小心翼翼

翼翼：恭敬慎重的样子。形容恭敬小心，一点不敢疏忽懈怠。

近义词：小心谨慎

反义词：粗心大意

⑥不知所云

云：说。不知道说的是什么。形容说话语无伦次，令人难懂。

近义词：语无伦次

反义词：头头是道

根据提示，完成下面的成语接龙。

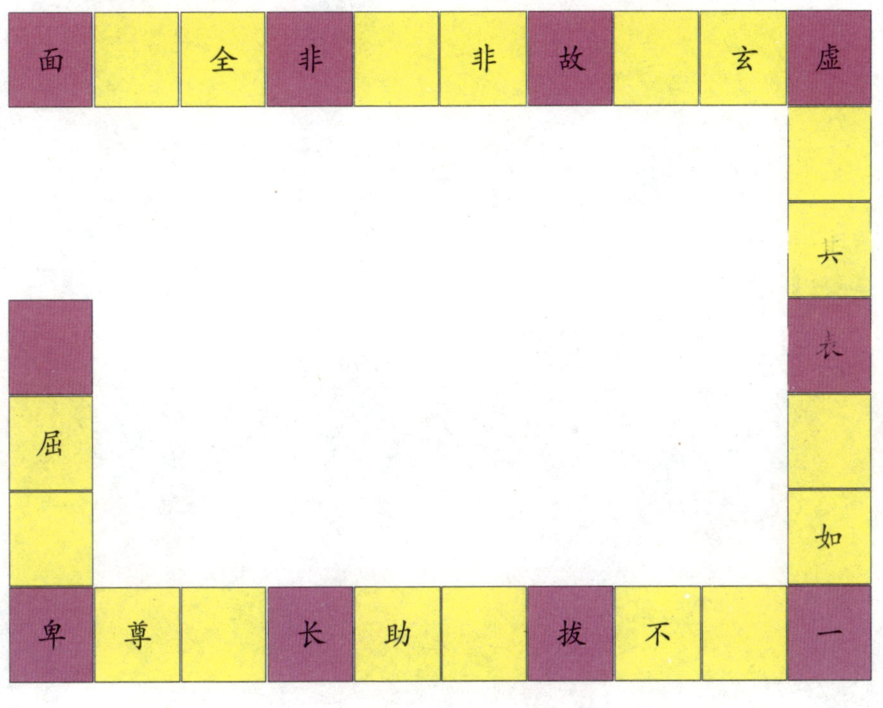

迷宫填空题

从“长”字开始，顺时针方向完成下图中的成语接龙游戏。

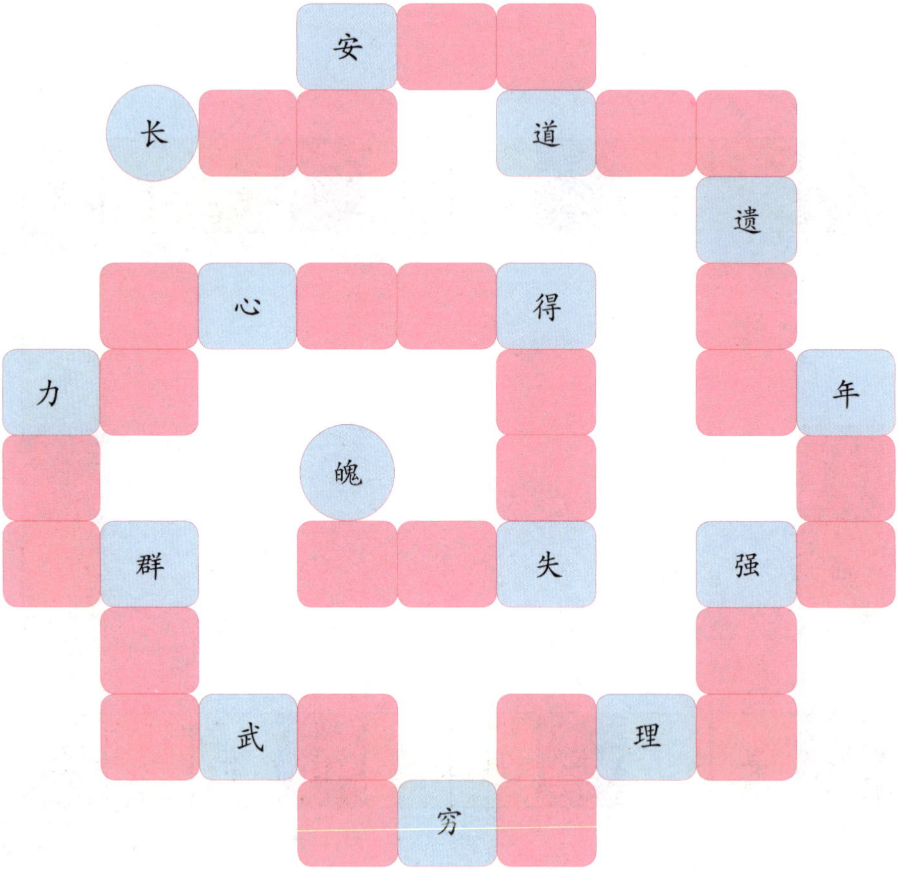

			安					
	长				道			
							遗	
		心			得			
力								年
			魄					
	群				失		强	
		武				理		
				穷				

白龙马讲笑话

言外之意

趣学故事汇

第 6 集

什么？请观音来降服我

三太子还不知悟空已经对自己**了如指掌**[①]，正躲在潭底下睡觉。悟空想去南海找观音菩萨降服三太子，又害怕三太子趁他不在偷袭师父，一时间**分身乏术**[②]，不知该怎么办。这时，两个土地神说："大圣别担心，我们愿意到南海去请菩萨。"

土地神走了以后，悟空又来到河边叫骂："孽障，有本事你就出来跟我过两招！"三太子一觉醒来，就听见悟空在岸上大喊大叫，他懒洋洋地打了个哈欠，说："哼，你以为用激将法就能引我出去？你们肯定在上头布下了**天罗地网**[③]，等着我钻呢。我倒要看看，你究竟在耍什么鬼把

①了如指掌

了：了解，明白；指掌：指着手掌。对事物了解的非常清楚，就像指点掌上的东西给人看一样。

近义词：一目了然

反义词：雾里看花

②分身乏术

表示很忙，不能把身体分开来去做不同的事。

近义词：分身无术

反义词：忙里偷闲

③天罗地网

罗：捕鸟的网。天空、地面所张设的罗网。比喻严密的包围。也比喻对坏人的严密防范。

近义词：无

反义词：无

戏！”

不多时，土地神就到了南海，见到观音菩萨，将三太子吃唐僧马的事说了一遍。菩萨听了非常疑惑，说：“这是怎么回事，当初敖烈犯下大错，我亲自求玉帝救了他，让他以后给唐僧当脚力，

他怎么反倒把唐僧的马吃了？”

菩萨也是**百思不得其解**[4]，就和土地神来到盘蛇山一问究竟。菩萨站在半空中，瞧见悟空在岸边叫骂不停，就把他叫过来问话。悟空努努嘴说：“这孽障打不过我，躲在潭底下不出来了，这可怎么办？”菩萨说：“你跟他说，‘敖润龙王玉龙三太子，你出来，南海观世音菩萨来了’，他自会现身。”

悟空跑到河边，大喊一声。三太子听见有人高喊“菩萨来了”，顿时来了精神，变成人形，踩着浪花现了身。见到菩萨，他立马礼拜道：“多谢菩萨当年救命之恩，我在鹰愁涧等了快一年，怎么还没见取经人？”菩萨笑而不答，伸手指向悟空。三太子**不知就里**[5]，大喊道：“菩萨，这只臭猴子是我的死对头，他**仗势欺人**[6]，菩萨你来评评理！”

④百思不得其解

百般思索也不能理解。

近义词：大惑不解

反义词：恍然大悟

⑤不知就里

就里：内情。指不知道内幕、内情。

近义词：不知其所以然

反义词：洞若观火

⑥仗势欺人

仗：依仗，依靠。依仗势力，欺压别人。

近义词：狗仗人势

反义词：除暴安良

谐音接龙游戏

根据图意完成下面两幅图的成语接龙，斜线两侧的字可以谐音。

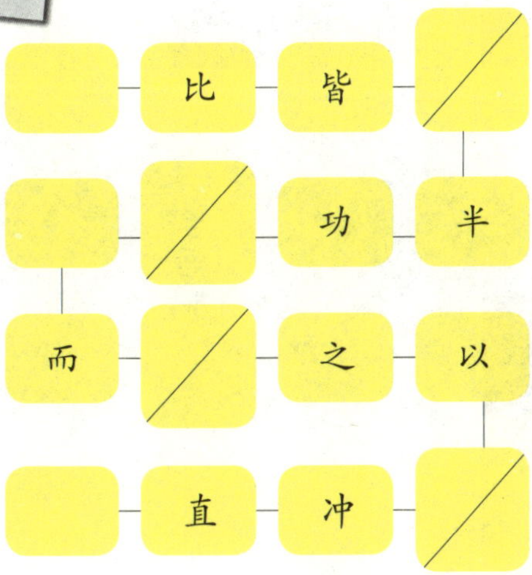

	比	皆	／
	／	功	半
而	／	之	以
	直	冲	／

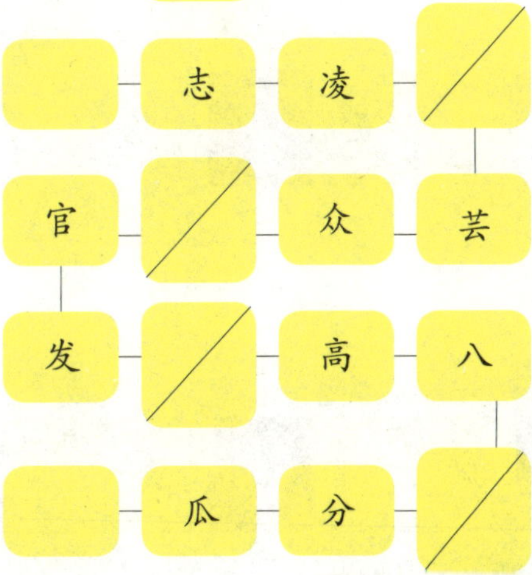

	志	凌	／
官	／	众	芸
发	／	高	八
	瓜	分	／

从“镜”字开始，沿着顺时针的方向完成接龙游戏。

镜		水	月		星	沉		寡	言
									不
			故						尽
			亲						竭
明		是							力
廉									
									拔
清	风		月	累		长	水		山

白龙马讲笑话

又偏又难的考题

趣学故事汇

第7集
大水冲了龙王庙

菩萨摇手笑道："他就是取经人的大徒弟，孙悟空。"三太子一听，差点从浪花上摔下去，不满地说："他就是取经人？哼，昨天我饿坏了，就把他们的马吃了。谁知道这猴子仗着自己有些本事，就这么欺负我，也不说他们就是取经人。"

悟空一听不乐意了，说道："你别恶人先告状，你又没问过我的姓名，我怎么告诉你？"三太子**目光如炬**[①]，盯着悟空说道："我怎么没问你？我问你是哪儿来的泼猴，你只说让我还马，什么时候说取经啦？"悟空听了嘿嘿笑道："是我错了，在这给你道歉啦。真是没想到，咱们这是大水冲了龙王庙，一家人打一家人！"说完，三太子和

①目光如炬

原形容怒目而视的样子。后用来形容看事明白透彻，眼光远大。

近义词：目光炯炯

反义词：目光如豆

②握手言和

形容争斗双方重新和好或比赛双方战成平局。

近义词：和好如初

反义词：反目成仇

③千难万险

形容困难和危险极多。

近义词：艰难险阻

反义词：一帆风顺

悟空都哈哈笑了起来。

菩萨见两个人**握手言和**[2]，笑着说：“取经之路有十万八千里，要是骑着普通的马，怎么

能到灵山呢？只有这样的龙马，才能完成西行之路。”三太子笑着说：“大师兄，你不是让我还师父马吗，我吞下的那匹还不了，以后就让我驮着师父取经吧！”菩萨把三太子脖子上的明珠摘下来，用柳枝蘸出甘露，往他身上拂了拂，吹出一口仙气，大喊一声：“变！”三太子立刻变成一匹雪白的马。菩萨说：“取经之路**千难万险**③，不管遇到什么妖魔鬼怪，你都要**尽心尽力**④帮助唐僧，等到功成以后，你就能恢复真身了。”三太子回答道：“弟子知道了，一定会**全力以赴**⑤助师父完成大业。”

悟空听说西行之路艰苦，立马拉住菩萨说：“取经路那么危险，让我保护一个凡人，什么时候才能到灵山？况且这取经路**如履薄冰**⑥，我能不能保住性命都不知道！这经，我不取了！”菩萨劝道：“悟空，做人不能**知难而退**⑦。如果日后有危险，我会出手相助的。好了，我回南海了，你们好好保护唐僧。”说完，菩萨消失了。

④尽心尽力

尽心：用尽心力。形容做事十分负责，使出全部力量。

近义词：不遗余力

反义词：敷衍了事

⑤全力以赴

赴：去，前往。把全部力量或精力都投进去。

近义词：竭尽全力

反义词：敷衍塞责

⑥如履薄冰

履：踩，践踏。如同走在薄冰上一般。形容非常谨慎、小心翼翼的样子。

近义词：如临生渊

反义词：如履平地

⑦知难而退

本来是说作战时要见机而动，不硬做做不到的事情。后来用为遇见困难退缩不前，没有勇气去克服的借口。

近义词：望而却步

反义词：知难而进

根据下图的漩涡方向，完成下面的成语接龙。

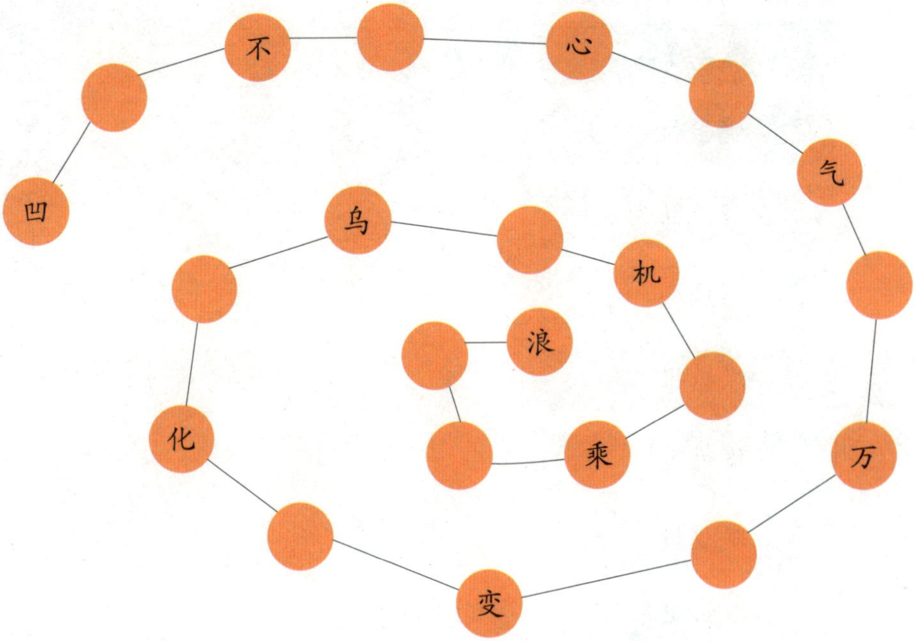

凹 不 心 气 万 变 化 乌 机 乘 浪

根据提示，猜成语。

显微镜	一孔之见
爬竹竿	
无底洞	
望江亭	
脱粒机	
农产品	
彩调剧	
黑板报	
飞行员	
跷跷板	
婚丧事	
打边鼓	

白龙马讲笑话

洗了一部分

趣学故事汇

第8集 驮着师父取西经

白龙马跟着悟空，俩人一前一后来见唐僧，悟空笑着说：“师父，有马啦！”唐僧一见，十分欢喜，笑着说：“悟空，这马**身强力壮**[①]的，你在哪儿找到的？”悟空一听，忍不住笑了起来。白龙马开口说：“师父，我就是昨天吃了你们马的小龙。”

唐僧头一回听到马开口说话，吓得节节后退，**惊恐不安**[②]地叫道：“这马，这马……”悟空笑着说：“他是西海龙王的儿子，因为犯下天条，授菩萨之命，来给你当脚力的。”唐僧听说是菩萨的命令，这才放下心来。

唐僧**东张西望**[③]，想找摆渡人过河，却发现

①身强力壮

身体健壮，精力旺盛。

近义词：年富力强

反义词：弱不禁风

②惊恐不安

因惊慌恐惧而心里不安宁。形容担惊受怕的样子。

近义词：无

反义词：无

③东张西望

四处张望。

近义词：左顾右盼

反义词：目不转睛

附近没有船只，一时间不知该怎么办。白龙马笑着说：“师父，让我驮着你过河吧。”那鹰愁涧**深不可测**[④]，要是寻常马儿渡河，肯定会淹没头顶，但白龙马熟识水性，有踩水的本事，河水只没了他的脚，唐僧身上没沾到一滴水。

过了鹰愁涧，大家都对白龙马交口称赞。唐僧说：“有了这匹龙马，咱们取经也能**事半功倍**[⑤]。”说完，他下了马朝南海的方向拜了一拜。白龙马知道师父是个**通情达理**[⑥]、知恩图报的人，心里也是满怀敬佩，暗自发誓道：“不管前方的路有多么艰险，我一定不辱使命，保护师父取得真经！”

唐僧师徒来到了高老庄，悟空救出新娘收服了猪妖。唐僧便收他为徒，取名为“八戒”。一行人离开了高老庄，继续向西。半路被流沙河里的妖怪挡住了去路。这时，木吒受观音派遣来帮助他们收服妖怪。唐僧收他为徒，取名为“悟净”，又叫沙僧。沙僧帮助师父过了河，师徒四人又踏上了取经的路。

④深不可测

测：测量。深得无法测量。形容极深。也形容不易捉摸。

近义词：高深莫测

反义词：了如指掌

⑤事半功倍

事：做；功：功效。形容费力小，收效大。

近义词：无

反义词：事倍功半

⑥通情达理

通、达：认识透彻。情、理：指人的通常心理和事情的一般道理。形容很懂道理，言行合乎情理。

近义词：知书达礼

反义词：蛮横无理

《三国演义》中赤壁之战的“连环计”你还记得吗？船与船一环连一环的景象很是壮观。下面的成语有自己的出处典籍，还有相关人物，请你根据示例完成剩余的题目。

狡兔三窟——《战国策》——冯谖

老马识途——《韩非子》——管仲

马如游龙——《后汉书》——马太后

割鸡焉用牛刀——《论语》——孔子

心有灵犀——《无题》——______

直捣黄龙——《宋史》——______

马革裹尸——《后汉书》——______

沐猴而冠——《史记》——______

鸡鸣狗盗——《史记》——______

缘木求鱼——《孟子》——______

鹿死谁手——《晋书》——______

根据左侧释义，连接右侧对应的成语。

鹊巢鸠占	力争上游
尽收眼底	一览无遗
逆水划船	化为乌有
石榴成熟	不留余地
举重比赛	积少成多
枪弹上膛	开门见山
全面开荒	鬼话连篇
聊斋志异	一触即发
零存整取	斤斤计较
愚公之家	皮开肉绽
盲人摸象	泾渭不分
清浊合流	不识大体
四通八达	头头是道

白龙马讲笑话

一半的好

第9集 师父被妖怪陷害了

话说宝象国的白虎岭山路崎岖，还住着一个法力高强的妖怪。这个妖怪名叫黄袍怪，专吃走山路的人。多年前，他偶然看见宝象国的公主百花羞，见公主唇红齿白，**国色天香**[1]，就施个妖法，刮起一阵邪风，把公主掳到了妖精洞府。黄袍怪长得丑陋，又是恶妖，百花羞逃脱不了，每天以泪洗面，希望父王能早日把她救出去。

因为悟空被冤枉杀了人，唐僧把他赶回了花果山，黄袍怪轻而易举地把唐僧捉了来。百花羞心想：这是**千载难逢**[2]的机会，救了唐僧他就能把我的困境告诉父王了。黄袍怪抓了唐僧心里高兴，就躺在石床上打盹。百花羞**蹑手蹑脚**[3]地来

①国色天香

国色：冠绝全国的美色；天香：天然的香气。原指牡丹的花香花色不凡。后多形容女子容貌的美丽。

近义词：国色天资

反义词：无

②千载难逢

载：年。一千年里也难得遇到。形容机会极其难得和宝贵。

近义词：千载一时

反义词：司空见惯

③蹑手蹑脚

蹑：放轻脚步。形容走路时脚步放的很轻。

近义词：轻手轻脚

反义词：大模大样

到牢房，给唐僧松了绑，又把书信交给他，说：“长老，我是宝象国的公主，特来救你的。”唐僧一听连忙感谢公主的救命之恩，带着书信仓皇逃跑了。刚出妖洞，就碰见白龙马和八戒、沙僧。唐僧把获救的事情说了一遍，就和徒弟们来到宝

象国，给国王报信。

国王见到百花羞的书信，**老泪纵横**④，伤心地说：“没想到我女儿是被妖精拐走了，唐长老，你快想想办法，把我女儿救出来呀！”唐僧是个热心肠，况且百花羞还救了自己，他立马让八戒和沙僧去降服黄袍老怪搭救公主。没承想，那黄袍怪法力高强，八戒、沙僧根本不是他的对手，八戒耍机灵逃了回来，沙僧却被妖精捉走了。

那黄袍怪知道公主有书信送到宝象国里，勃然大怒，施法变成了一个朴实的猎户，跑到宝象国认亲。国王和大臣们见黄袍怪**一表人才**⑤，为人忠厚，都不相信他是妖精。黄袍怪花言巧语欺骗国王，说自己是山下的猎户，无意中救了公主，两人一见钟情，就结为夫妻，在山下过着幸福的生活。国王**信以为真**⑥，就质问唐僧为什么要编造百花羞被掳的谎言。

唐僧**笨嘴拙舌**⑦，不知道该如何说出真相。就在这时，黄袍怪说一切都是唐僧**妖言惑众**⑧，唐僧本就是个老虎精。说完，他施个妖法，就真把唐僧变成了一只猛虎。国王和大臣们吓得魂飞魄散，立马命侍卫用铁笼子圈禁唐僧，防止他祸国殃民。

④老泪纵横

形容年纪大的人伤心哭泣，泪流满面的样子。

近义词：无

反义词：无

⑤一表人才

形容人相貌俊秀端正。

近义词：仪表非凡

反义词：其貌不扬

⑥信以为真

相信是真的。指把假的当作真的相信了。

近义词：深信不疑

反义词：无

⑦笨嘴拙舌

形容人不善言辞，口才不好。

近义词：无

反义词：伶牙俐齿

⑧妖言惑众

妖言：没有事实根据的，荒诞离奇的谎话；惑：迷惑。用荒诞不经的话迷惑众人。

近义词：蛊惑人心

反义词：无

将下图圆圈中的成语填写完整。

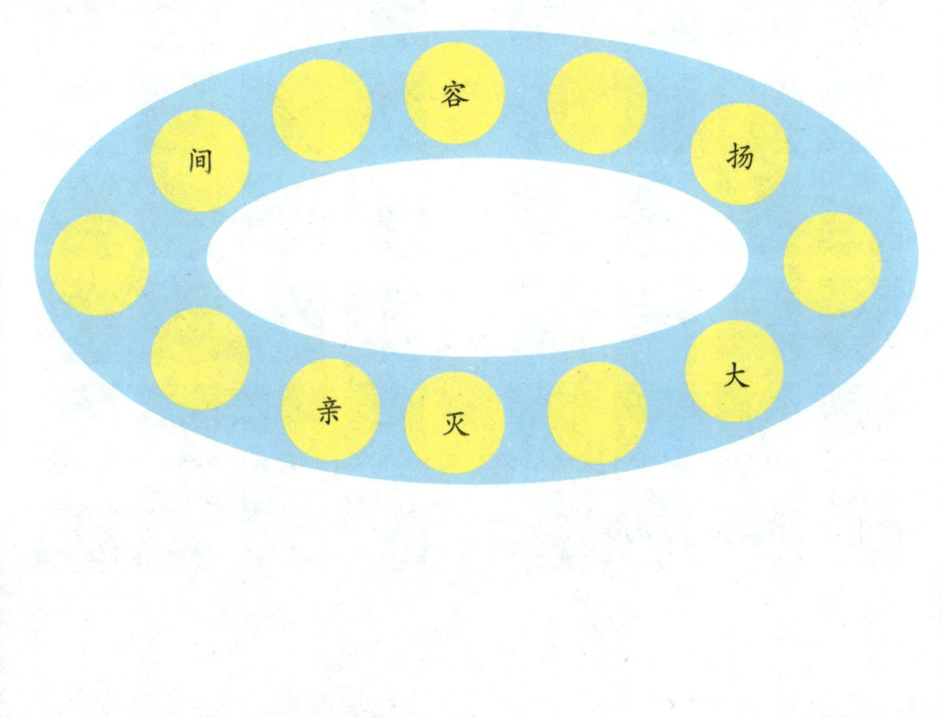

瞧，原本枯躁无味的数字，一旦进入语文大花园里，就立刻变得活跃起来了。快将下图带有数字的成语补齐吧。

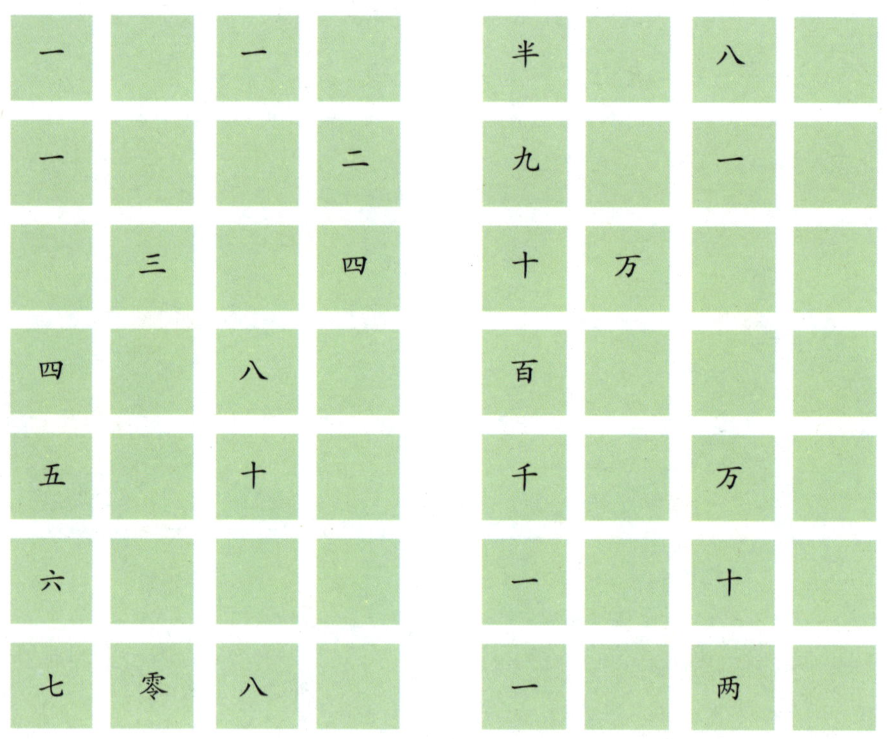

一		一	
一			二
	三		四
四		八	
五		十	
六			
七	零	八	

半		八	
九		一	
十	万		
百			
千		万	
一		十	
一		两	

白龙马讲笑话

一干二净

趣学故事汇

第10集 小白龙变身救师父

话说那黄袍怪使用**阴谋诡计**[1]，把唐僧变成了猛虎，自己却在皇宫里享受荣华富贵。这件事传得**沸沸扬扬**[2]，人人都说，那大唐高僧是个老虎精。很快，唐僧变成猛虎的消息就传到了金亭客栈。这时候，客栈里一个客人都没有，几个马倌儿来到马棚，几人**窃窃私语**[3]，小白龙好奇，就竖起耳朵仔细听。

一个马倌儿嘟哝说："都听说了吧，前几天来的那个大唐和尚，根本不是什么高僧，是个老虎精！""是呀，他还冤枉咱们驸马是妖精，幸好国王**深明大义**[4]。"另一个马倌儿附和说。"我听说，国王已经寻访能人异士，要除掉老虎精

①阴谋诡计

阴谋：暗中的策划；诡计：狡诈的打算。指暗中策划的坏事。

近义词：鬼蜮伎俩

反义词：光明正大

②沸沸扬扬

沸沸：开水沸腾的样子；扬扬：扬起、升腾的样子。像沸腾的水那样翻滚升腾。形容人声喧嚷，议论纷纷。

近义词：七嘴八舌

反义词：鸦雀无声

③窃窃私语

窃窃：声音低细的样子；语：说话。偷偷地或在背地里小声交谈。

近义词：交头接耳

反义词：高谈阔论

了。”“那可是国之大幸呀。”喂完饲料，几个人嘟嘟囔囔地离开了。

小白龙听了，心里琢磨：“我师父明明是个好人，肯定是那黄袍怪设计陷害！这可怎么办？大师兄回花果山了，八戒和沙僧也不知道去了哪里。不行，我得想办法救师父。”等到二更天，**万籁无声**[⑤]时，小白龙扯断缰绳，摇身一变，现

出真身，驾着云彩飞到皇宫。

他站在半空中看，只见偏殿**灯火辉煌**⑥。仔细一瞧，殿内躺着一个**彪形大汉**⑦，正在喝酒，吃人肉。小白龙见了心里骂道："哼，这个妖精喝点酒就现原形，看来也没什么本事。本来是想救师父出去，没想到遇到你这个恶妖，也好，那就让我宰了你再去救师父！"

说完，小白龙就呼出一口气，摇身变成一个漂亮的宫女。她悄悄来到后殿，端了一个银制酒壶，快步走到殿内，娇声说道："驸马爷万福，您别伤害我性命，我是特来伺候您喝酒的。"那黄袍怪睁眼一看，见她妩媚多姿，不忍心杀了吃，就举起酒杯，笑着说："快给我倒酒！"

小白龙接过酒杯，施了个"逼水法"，那酒高出酒杯几厘米，却漫不出来。黄袍怪不知这是仙法，非常高兴，问道："你还能斟得再高吗？"小白龙又给妖精倒了一杯，酒水高出杯子十几厘米，尖尖高高的，就像一座宝塔。老妖怪瞧见心里高兴，忍不住多喝了几杯。小白龙心想："哼，把你这个老妖精灌醉，看你还有什么本事！"转眼间，酒过三巡，黄袍怪喝得高兴，又让小白龙倒了一杯酒。

④深明大义

大义：大道理。深切地明白为人处世的大道理。多形容人能识大体，顾大局。

近义词：无

反义词：无

⑤万籁无声

籁：从孔穴里发出的声音；万籁：自然界万物发出的声响。一切声音都没有了。形容环境非常寂静。

近义词：鸦雀无声

反义词：人声鼎沸

⑥灯火辉煌

形容灯火通明、辉煌灿烂的热闹景象。

近义词：火树银花

反义词：黑灯瞎火

⑦彪形大汉

彪：小老虎。指身材魁梧，体格健壮的男子。

近义词：无

反义词：无

趣味练练练

根据左侧的谜面写出谜底。

谜面	谜底
跋作序言	
纸老虎	
半身像	
半夜不怕鬼叫门	
半夜摸鱼虾	
此时无声胜有声	
无舵之船	

成语大观园

小朋友们，快动手把大观园的成语填写完整吧。

	令		发		日	可		人	接	物
										尽
	泣	不	成		泪	俱	下	不		
歌										
		喜	形					例		武
小		宜						行		之
同										地
		宜	制	地		有	出			大
非										
	是	皆		比	昔		今	通		博

坏处是什么

想不到妖精那么厉害

三杯五盏过后，黄袍怪喝得**酒酣耳热**①，笑着问："你会唱歌吗？"小白龙娇羞地说道："会唱。"说着就唱了一支歌，那声音宛若天籁，听得黄袍怪**如痴如醉**②。黄袍怪又问："你会跳舞吗？"黄袍怪的话正合小白龙心意，他笑着说："会跳，只是空着手跳不好看。驸马爷，我还会舞剑呢，不如让我给您舞一曲？"黄袍怪听了非常高兴，把自己的宝剑递给小白龙，说："好，那你就给本驸马舞一曲！"

小白龙接过兵刃，心里十分欢喜，琢磨着借着跳舞，一剑杀了这老妖精。小白龙走起舞步，左一下、右一下地耍弄花刀，可以说是**顾盼生姿**③，

①酒酣耳热

酣：酣畅，痛快。形容酒兴正浓。

近义词：无

反义词：无

②如痴如醉

痴：沉迷于某种对象而不能自拔。像是醉了、痴了一样。形容对人或事物过于沉迷或陶醉，以致神志恍惚，不能自拔。

近义词：无

反义词：无

③顾盼生姿

顾盼：望，看。回首注目间都有美好的姿色。比喻眉目传神迷人。

近义词：顾盼神飞

反义词：无

非常好看。黄袍怪看得**眼花缭乱**[④]，大叫一声好。小白龙看准时机，一剑刺向妖怪面门。

黄袍怪大吃一惊，顿时醉意全无，慌张躲过一剑，从地上捡起一根铁棍，抵挡小白龙的攻击。黄袍怪一下明白了，这宫女定是唐僧徒

弟变换的，他是要害自己的命。黄袍怪和小白龙斗了十几个回合，始终没能分出高下，两人从殿内打到殿外，又从殿外打到云端里。

小白龙渐渐败下阵来，那妖怪使出浑身解数，打得小白龙**措手不及**⑤。小白龙抵挡不住，只好将宝剑掷出，没承想，那妖怪一把接住宝剑，反倒刺向小白龙。小白龙来不及躲闪，正好被刺伤后腿，无奈之下，只好驾云逃跑。就在这时，他发现下面有个水潭，迅速潜到潭底，这才躲过一劫。

④眼花缭乱

缭乱：纷乱。眼睛看到纷繁复杂的东西或耀目的光华而感到迷乱。比喻现象复杂，无法辨清，使人感到迷乱或困惑。

近义词：目迷五色

反义词：无

⑤措手不及

措手：处理，应付。因没有准备，来不及应付。

近义词：猝不及防

反义词：有备无患

成语驿站

根据图示，完成下面的成语接龙。

不	意		风	发	
出				光	
	成	告		大	
	之				多
	美		不	足	

文学名著中经常会出现一些成语，在我们阅读故事情节的时候，还可以学习成语。瞧，下面就是一些含“兔”的成语和与之相关的名著，你能把它们填在对应的位置吗？

兔走乌飞　守株待兔　狡兔三窟　兔死狐悲　动如脱兔　兔死狗烹

1. 古人说“＿＿＿＿＿＿，静若处子”，也是不动的时候要像大姑娘深藏闺中，动起来像脱网的兔子那么快。（姚雪垠《李自成》第二卷第 35 章）

2. ＿＿＿＿＿＿，瞬息光阴，暑往寒来，不觉七载。（许仲琳《封神演义》第十二回）

3. 吾料兄必定出身报国，岂是＿＿＿＿＿＿之辈。（许仲琳《封神演义》第九十四回）

4. 获曰：“＿＿＿＿＿＿，物伤其类。吾与汝皆是各洞之主，往日无冤，何故害我？”（罗贯中《三国演义》第八十九回）

5. 大凡古来有识见的英雄功成名就，便拂袖而去，免使后来有“鸟尽弓藏，＿＿＿＿＿＿”之祸。（陈忱《水浒后传》第九回）

6. 见柴曰：“汝＿＿＿＿＿＿，何归为？”（蒲松龄《聊斋志异·邵九娘》）

白龙马讲笑话

赢了游戏的代价

第 12 集
二师兄居然想散伙

小白龙在潭底躲了半个多时辰，见那妖精没有追来，这才咬着牙，忍着剧痛从水里浮出来，驾着云彩回到客栈，变回白马模样。

过了一会儿，白龙马听见客栈有动静，担心是妖怪来寻仇，躲在马棚**静观默察**[①]。忽然传来窸窸窣窣的声响，一个庞然黑影走了过来，嘴里嘟囔着："真是屋漏偏逢连夜雨，沙师弟被妖精抓了去，这马儿怎么也**遍体鳞伤**[②]？估计是遇上劫匪了吧，也不知师父哪儿去了。"

白龙马听出是八戒的声音，舒了口气，忽然开口说人话："二师兄。"八戒见四下无人，突然听到有人说话，吓得跳了起来，大吼一声："是

①静观默察

静、默：平静地，不动声色地。静静地仔细观察。

近义词：无

反义词：无

②遍体鳞伤

鳞：鱼鳞。浑身布满像鱼鳞一样的伤痕。形容伤势很重。

近义词：体无完肤

反义词：无

③大惊失色

失色：脸色变得苍白，失去本色。大吃一惊，变了脸色。形容非常惊恐。

近义词：面如土色

反义词：面不改色

谁在那儿？”白龙马咬住八戒的袍子，说：“师兄别怕，是我呀。”

八戒吓得**大惊失色**③，喘着粗气说：“师弟，你今天怎么说起人话了？每次你一说话，准没好事。”白龙马摇了摇尾巴，叹气说：“二师兄，

师父遇难了。”八戒听了**大吃一惊**[④]，忙问：“这是怎么回事？师父好端端的，怎么会遇难呢？”

白龙马**一五一十**[⑤]地将黄袍怪陷害师父的事说了一遍，八戒听完**缄口无言**[⑥]。过了好一会儿，他吧唧吧唧嘴，说：“小白龙，你背得动行李吗？”白龙马一听，不知道八戒什么意思，忙问：“师兄，你这是什么意思？”

八戒一屁股坐在草垛上，脱下鞋揉着脚，说：“师弟呀，这行李你要是驮得动，就挑几件好的拿回西海去；要是驮不动，我就全挑回高老庄……”不等八戒说完，白龙马打马虎眼说：“师兄，你这是什么意思？难不成，你不取西经了？”八戒哼哼唧唧地说：“大师兄回花果山当他的猴大王去了，日子过得多**逍遥自在**[⑦]；师父被妖精变成了老虎精，沙师弟也被老妖擒住，我又不是那老妖精的对手，还怎么取西经？倒不如分分行李，散伙得了。你回西海当太子，我回高老庄做女婿，这多好。”

说完，八戒一骨碌爬起来，准备去分行李。白龙马心想：要是二师兄走了，就真没人救师父了，这可怎么办呀？

④大吃一惊

形容很惊讶的样子。
近义词：大惊失色
反义词：泰然自若

⑤一五一十

指计数。形容从头至尾，原原本本，叙述没有一点遗漏。
近义词：从头至尾
反义词：无

⑥缄口无言

缄：封，闭。封住嘴不说话。指不愿讲话或不敢讲话。
近义词：张口结舌
反义词：侃侃而谈

⑦逍遥自在

逍遥：安闲自得。形容安闲自得，无拘无束。
近义词：自由自在
反义词：无

小朋友们，一起动手将下图缺失的部分补充完整吧。

小朋友，你们喜欢马吗？下面的成语里都有“马”，你能将它们补充完整吗？

______马加鞭	______马功劳
______马识途	______猿意马
______马观花	______兵买马
______翁失马	______水马龙
______马行空	______仰马翻

白龙马讲笑话

梦变现实的秘诀

趣学故事汇

第13集

巧劝猪八戒

八戒挑来行李，将里面的经书分成两摞，一边翻行李，一边嘟囔：“这个白龙马用不着，就归老猪了；估计这个白龙马不想要，也归老猪吧。”八戒在一旁分得不亦乐乎，可白龙马却是**心急如焚**[1]，难道真要就此**分道扬镳**[2]？想到师父还被人关在笼子里，白龙马的心就一阵绞痛。

他一口咬住八戒的黑袍，伤心地说：“二师兄，现在只有你能救师父了，你怎么能在这分行李呀！”八戒**不以为然**[3]地说：“救，怎么救？那妖精的本事比我强，要不是我说要找地方撒尿逃出来，估计我也要被他抓起来了。”

白龙马可怜巴巴地望着八戒，**苦口婆心**[4]地

①心急如焚

焚：烧。心里急得像火烧一样。形容极其焦灼的心情。

近义词：心急火燎

反义词：不慌不忙

②分道扬镳

道：路；镳：马嚼子。分开道路，驱马前进。指分路而行。比喻志趣、目标不同，各走各的。

近义词：各奔前程

反义词：并驾齐驱

劝道："二师兄，咱们受菩萨点化，护送师父到西天取经。一路跋山涉水，再坚持一下就到灵山了，怎么能**半途而废**[5]呀？你现在回到高老庄，又有什么脸面见你的老丈人呀？"

八戒一听，虽然觉得有几分道理，可想到黄袍怪的本事，不由得**打退堂鼓**[6]，不乐意地说："没脸面总比没命强！总不能让我白白送死呀。"白龙马听了这话，知道八戒胆小怕事，就劝道："二师兄，你别老说要散伙的话。我有个主意，一定能救出师父。"八戒也不是**铁石心肠**[7]的人，

③不以为然

然：是，对。不认为是对的。表示不同意或轻蔑。

近义词：嗤之以鼻

反义词：五体投地

④苦口婆心

苦口：不辞烦劳地反复地恳切规劝；婆心：像老婆婆一样慈善的心肠。形容善意而又有耐心地劝导。

近义词：语重心长

反义词：冷嘲热讽

他听说有法子，就忙问："什么办法？"

白龙马说："要想救师父，咱们需要请一个人来。"八戒听了忙问是谁。白龙马回答："你赶快驾云去花果山，请大师兄回来。他神通广大，一定能够降服妖精，救出师父。"八戒一听，吓得打了个寒战，嘟囔说："算了吧，要请他你找别人去吧，反正我不去。"白龙马心里疑惑，就问怎么回事。

八戒叹了口气，说："唉，我和臭猴子**水火不容**[8]。之前在白虎岭，他不是打死了白骨夫人吗？他一直怪我撺掇师父念紧箍咒。其实这事也不能全怪我，我是开玩笑的，谁知道师父当真了。孙猴子为这事不知道得多恨我，就算我去请，他也不肯来呀。要是我跟他再起了冲突，你也知道，他本事那么高，要是一棒子打在我身上，我还能活吗？"

白龙马一听，知道八戒是杞人忧天，连忙说："不会的，大师兄是个有情有义的猴王。你见了他，别说师父有难请他除妖，就说师父想他了，把他哄过来。等他来了，见师父受了那么大的委屈，一定会救师父的。"白龙马再三恳求，感动了八戒，天还不亮，他就驾云到花果山去了。

⑤半途而废

废：停止。半路上就停下来了。比喻事情没做完就停止了，不能坚持到底。

近义词：浅尝辄止

反义词：持之以恒

⑥打退堂鼓

退堂：指古代封建官吏退堂前要击鼓以示停止办公。比喻做事中途退缩或撒手不干。

近义词：半途而废

反义词：锲而不舍

⑦铁石心肠

像铁和石头一样坚硬的心肠。形容心秉性刚强，不为感情所动。

近义词：心如铁石

反义词：心慈面软

⑧水火不容

容：容纳。比喻双方根本对立，不能相容。

近义词：势不两立

反义词：水乳交融

你能根据左栏诗句的意思，从右栏找出一个相应的成语，并用线连起来吗？快来为下面的“锁”找“钥匙”吧。

人有悲欢离合，月有阴晴圆缺	不拘一格
老骥伏枥，志在千里； 烈士暮年，壮心不已。	心有灵犀
去年今日此门中，人面桃花相映红	人面桃花
身无彩凤双飞翼，心有灵犀一点通	老骥伏枥
我劝天公重抖擞，不拘一格降人才	怒发冲冠
怒发冲冠，凭栏处，潇潇雨歇	悲欢离合

根据括号中提示的意思，写出相应的成语。

1. 不管做什么事情，只有能够__________（不断地镂刻。比喻有恒心，有毅力），才终会有所收获。

2. 科学的道路上没有先来后到，我们每个人都应有__________（向地位比自己低、学识比自己少的人请教，也不感到羞耻）的精神。

3. 事物总是在不断发展变化的，期望能够靠某种方法__________（形容一次把事情做好，以后就不用再做），那是不切实际的。

4. 我发现这几天妈妈做事总是__________（比喻人做事随随便便，不放在心上），不知道是什么原因。

白龙马讲笑话

小狗不懂

趣学故事汇

第14集 师徒和好了

八戒听了白龙马的话，到花果山请悟空。正如白龙马所说，悟空是个有情有义的猴王，听说师父有难立刻赶来相助。

八戒、悟空来到妖怪的洞府，看见洞里有两个小孩。悟空想到一个妙计，将两个小孩抓走，和黄袍老怪交换，将沙僧救了出来。救出沙僧，兄弟三人又救出两个孩子，准备营救公主。八戒将黄袍怪打伤白龙马的事说了一遍，悟空一听，心里琢磨：那白龙马也不是无能之辈，竟然伤不了老妖，看来妖精果然有些本事。

兄弟三人一琢磨，想出了个**偷梁换柱**[1]的好办法。悟空摇身一变，变成公主的模样，又把真

①偷梁换柱

比喻暗中玩弄手法、进行调包。

近义词：偷天换日

反义词：无

②悲喜交加

悲痛和喜悦的心情交织在一起。

近义词：百感交集

反义词：无动于衷

③冷嘲热讽

指用尖刻、辛辣的语言进行讽刺、嘲笑。

近义词：冷言冷语

反义词：语重心长

公主藏了起来。黄袍怪对百花羞没有戒心，不知她是悟空变的，就上前和她说话。悟空灵机一动，趁妖精不注意，使了个叶底偷桃的本事，一下子就把妖精打跑，救出了百花羞公主。

兄弟三人带着公主回到宝象国，将事情的真相公之于众。这时大家伙围着变成老虎的唐僧，心里**悲喜交加**②。喜的是，悟空打跑了妖精，救出公主；悲的是，师父依旧一副老虎模样。白龙马得知悟空降妖的事，纵身一跃，挣脱缰绳去找唐僧。白龙马刚到皇宫，就听见悟空对师父**冷嘲热讽**③。悟空不满地说：“师父**有眼无珠**④，三番两次冤枉我，我才不救他呢。要救，就让八戒、沙僧救吧！”

白龙马**心中有数**⑤，知道悟空是刀子嘴豆腐心，连忙劝说道：“大师兄，既然你回来救师父，就别说那些酸话了，赶快想想办法救师父吧。”悟空听了劝，让人拿来水泼在老虎身上，又施个法术消除虎气。在**众目睽睽**⑥之下，唐僧又恢复了本来面目，师徒四人也和好如初。白龙马见状**喜不自胜**⑦，驮着唐僧开始了新的旅程。

④有眼无珠

比喻见识短浅，没有识别能力。

近义词：有眼不识泰山

反义词：心明眼亮

⑤心中有数

对情况和问题有基本的了解，处理问题有一定的把握。

近义词：胸有成竹

反义词：心中无数

⑥众目睽睽

睽睽：睁大眼睛注视。大家都睁大眼睛注视着。

近义词：大庭广众

反义词：无

⑦喜不自胜

胜：能承受。高兴得自己都受不了。形容喜悦到了极点。

近义词：欣喜若狂

反义词：怒不可遏

下方是一个很宽的方框，你能在空白的格子里填上正确的汉字，使得每一列成为一个与“蛇”有关的成语吗？

	杯	虚		打	虎	蛇	龙	
蛇			走				蛇	鬼
	蛇				蛇			蛇
足		蛇	蛇	蛇		肠		

下面是一些文学作品中的语句，其中关于“猴”和“羊”的成语都已经空了出来（还有一些成语隐藏在语句中，是后人通过这些句子总结出来的），你能猜出它们分别是什么成语吗？把对应的成语和语句连起来。

1.《隋书》：“所谓民少官多，________。”

2.《镜花缘》：“前面弯弯曲曲，尽是________，岔路甚多，甚难分辨。”

3.《中山狼传》：“然尝闻之，大道以多歧亡羊。”

4.《官场现形记》：“俗话说的好，叫作‘________’，拿鸡子宰了，那猴儿自然害怕。”

5.《礼记》：“效马效羊者右牵之。”

6.《儒林外史》：“像你这________，也该撒泡尿自己照照！不三不四，就想天鹅肉吃。”

歧路亡羊

顺手牵羊

尖嘴猴腮

羊肠小道

十羊九牧

杀鸡儆猴

白龙马讲笑话

多出的零件

趣学故事汇

第15集 我是龙，你是虫

话说祭赛国外有个碧波潭，潭里住着老龙王和小龙女。多年前，一条九头虫怪路过碧波潭，那九头虫神通广大，手持一柄月牙铲，有**呼风唤雨**①、**移山填海**②的本事。老龙王对他**赞不绝口**③，就将女儿许配给他，封他为驸马。那九头虫本是妖怪，又做了碧波潭的驸马爷，身份非常尊贵，又常常对老龙王**阿谀逢迎**④，哄他开心。日子久了，老龙王身上也沾染了妖气，整个碧波潭都**乌烟瘴气**⑤的。

不久前，九头虫发现祭赛国的金光寺中有一件**举世无双**⑥的宝贝，那就是寺院里的佛珠。那佛珠金光闪闪，能使一切事物**返璞归真**⑦。于是

①呼风唤雨

原指神话传说中神仙道士神通广大，施展法术可以刮风下雨。后比喻运用自然或社会的力量。有时也用来比喻反动派进行的各种煽动性活动。

近义词：兴妖作怪

反义词：无

②移山填海

移动山岳，填平大海。谓仙术法力神通广大。

近义词：移山倒海

反义词：无

③赞不绝口

赞：称赞；绝：停。不住口地称赞。

近义词：拍案叫绝

反义词：怨声载道

④阿谀逢迎

阿谀：说好话迎合别人；逢迎：迎合。巴结拍马，讨好别人。

近义词：曲意逢迎

反义词：刚正不阿

九头虫趁着**月黑风高**[8]时，施个妖法，把那佛塔上的宝贝偷走了。

回到碧波潭，老龙王和小龙女见了佛珠十分欢喜，就将佛珠藏在一只大贝壳嘴里，只有说出密语，大贝壳才会张嘴吐出宝贝。

这天，唐僧师徒来到祭赛国换关文，听说了金光寺的佛珠被偷一事。悟空是个急脾气，拉着八戒就去找九头虫要宝物。那九头虫神通广大，能掀起万丈波澜，悟空和八戒联手也没能让他交

出佛珠。

白龙马听说悟空、八戒打了败仗，心里十分好奇，一打听才知道他们的对手是九头虫。白龙马心里琢磨：那九头虫熟识水性，难怪大师兄不是他的对手，看来我得助他们一臂之力。

九头虫虽然打败了悟空和八戒，可自己也身负重伤，他气急败坏地回到龙宫，将摆放的茶具摔了个粉碎。小龙女听到动静，见夫君如此懊恼，连忙问："驸马，怎么生这么大气呀？"九头虫生气地说："西天取经的孙猴子找上来了，竟然让我交出佛珠！"小龙女对悟空早就有所耳闻，笑着说："驸马别急，孙悟空虽然不好对付，可有个人好对付。"

九头虫一听来了精神，忙问："是谁？"小龙女从头上拔下一根发簪，叫来小喽啰奔波儿灞，说："这是一根毒簪，只要在茶水里搅一搅，喝水的人就会立马毒发身亡。你去拿簪子毒死唐僧的宝马，没了宝马，他们也没法取经了，哪还顾得上佛珠呢？"九头虫听了哈哈大笑，说："还是夫人有办法。"

⑤乌烟瘴气

乌：黑；瘴气：热带山林中的一种湿热而有害的空气。比喻环境混乱、嘈杂或坏人集聚造成的污浊景象。

近义词：乌七八糟

反义词：弊绝风清

⑥举世无双

举：全。即全世界没有第二个。比喻极其稀有、罕见。

近义词：当世无双

反义词：比比皆是

⑦返璞归真

归：回到；真：纯真。去掉外表的装饰，返回到质朴、纯真的状态。

近义词：抱素怀朴

反义词：无

⑧月黑风高

高：大。没有月亮，风又特别大的夜晚。

近义词：无

反义词：月白风清

龙腾虎跃，将下图的空缺填写完整，使它变为一条活泼灵动的小龙吧。

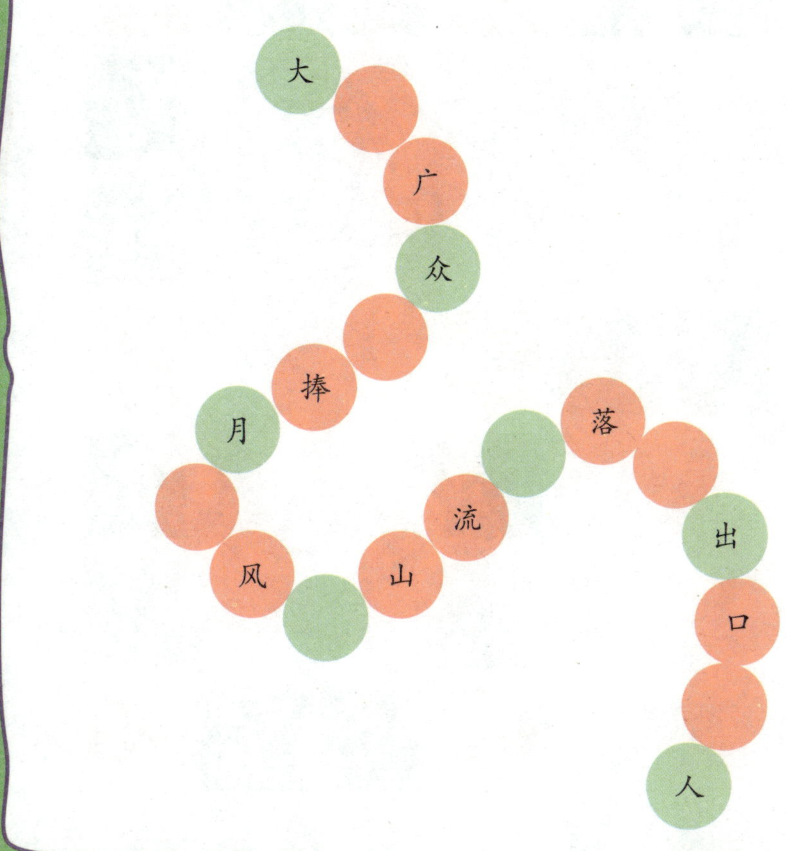

智慧开发题

小朋友，请开动脑筋，补齐下列成语，看谁填得又好又快。

平		无		谈	怪	论
						功
		目	鼠			赏
						罚
			小			
			胆		目	明

白龙马讲笑话

改变世界

这节课的课后作业是画一张世界地图的轮廓图。

汤姆，你的作业呢？
没有完成……

你为什么不完成作业？

我怕我画的世界地图会改变世界。

趣学故事汇

第16集 遇见龙女公主

奔波儿灞领了命令，趁着天黑悄悄来到马棚。他一手拿着毒簪，一手拿着木棍，准备进攻白龙马。白龙马早就发现了奔波儿灞，故意来回掉转屁股，转得奔波儿灞晕头转向。说来也巧，沙僧抱着草料过来喂马，一眼瞧见**鬼鬼祟祟**①的奔波儿灞，赶紧扔下草料，一个箭步冲上去，一下擒住了他。

奔波儿灞吓得**面色如土**②，对自己做的事**供认不讳**③，他哭喊着说："求大爷饶命，求大爷饶命呀。是碧波潭龙女派我来的，不关我的事呀。"沙僧问："她叫你来干什么？"奔波儿灞**色厉内荏**④，哪敢说假话？就把下毒的事说了出来。

①鬼鬼祟祟

祟：鬼怪或鬼怪祸人，引申为暗中捣乱或行动不光明。形容行为偷偷摸摸，不光明正大。

近义词：偷偷摸摸

反义词：堂堂正正

②面色如土

脸的颜色就像泥土的颜色一样。形容极端惊恐或气急的样子。

近义词：面无人色

反义词：面不改色

③供认不讳

讳：避讳。被告承认自己所做的事情，并不隐瞒避讳。

近义词：直认不讳

反义词：无

白龙马一听大吃一惊，回想起多年前自己和龙女是好朋友，心里是又气又伤心，挣脱缰绳现出真身直奔碧波潭。白龙马刚到龙宫，就听见有人说孙悟空把九头虫打成重伤逃跑了，他心里琢磨：打得好，待我收拾了龙女，就夺

回宝物。

白龙马挥出长戟，虾兵蟹将抵挡不住，只好去请龙女。龙女听见外面吵吵闹闹的，提起宝剑走出来，大喝一声："什么人？竟敢闯龙宫！"白龙马喝道："西海龙王三太子敖烈！"小龙女一听，赶紧躲到石墙后面，嘟囔道："难道奔波儿灞失手了？这可怎么办呀？"

小龙女躲在石墙后面不出来，白龙马挑起一块巨石，朝着石墙一砸，把石墙砸出一个大窟窿。小龙女见**东躲西藏**[5]不是办法，只好提起宝剑迎战。她哪是白龙马的对手？三五个回合下来，已经没了打斗的力气。

白龙马大喝一声，说："想当初，你跟我还是好朋友，没想到，你现在竟跟妖精**同流合污**[6]！你赶快交还宝物，念在往日的情分，好饶你一命！"小龙女听着这话，有些**回心转意**[7]，可又舍不得把宝物拱手相让，推托说："好，我投降，宝贝就在内殿，你跟我来拿吧。"说完，就迈着步子离开了。

④色厉内荏

色：神色，样子；厉：凶猛；荏：软弱，懦弱。外表强硬，内心虚怯。

近义词：外强中干

反义词：外柔内刚

⑤东躲西藏

到处躲避、藏匿。

近义词：无

反义词：无

⑥同流合污

言行随世俗浮沉或指跟坏人做坏事。

近义词：狼狈为奸

反义词：洁身自好

⑦回心转意

回：掉转。转过心意，不再坚持。指改变态度。多指不计较过去的怨隙，恢复旧有的感情。

近义词：幡然悔悟

近义词：执迷不悟

请根据诗句含义填写成语。

长风破浪会有时，直挂云帆济沧海	
无穷无尽是离愁，天涯海角寻思遍	
等闲识得东风面，万紫千红总是春	
柔情似水，佳期如梦，忍顾鹊桥归路	
人有悲欢离合，月有阴晴圆缺，此事古难全	
无可奈何花落去，似曾相识燕归来	
千淘万漉虽辛苦，吹尽黄沙始到金	
物是人非事事休，欲语泪先流	

小朋友开动脑筋，将以下成语放入意义相符的框内。

绿树成荫	秋行夏令	骄阳如火	银装素裹	出水芙蓉
春华秋实	花团锦簇	一叶知秋	天寒地冻	春寒料峭
冰天雪地	寒蝉凄切	白雪皑皑	粉妆玉砌	五黄六月

春季：

夏季：

秋季：

冬季：

白龙马讲笑话

换个位置

第 17 集

小白龙智取宝物

进了内殿，白龙马就发现一只闪着金光的大贝壳，心里琢磨，佛珠很可能就藏在里面。小龙女端来一杯茶水，**温情脉脉**①地道："三太子，喝口茶吧。"白龙马想起奔波儿灞毒杀自己的事，一把将茶水打翻，怒气冲冲地说："难道你还想毒死我吗？"

小龙女猜出**东窗事发**②，哭着说："那都是九头虫的主意，是他要害你呀。"白龙马知道他们**朋比为奸**③，没好气地说："九头虫已经被孙悟空打死了，你还不赶快交出宝物！"

小龙女听了这话，顿时没了主心骨，心想："糟糕，难道真让我交出宝物？"她望着白龙马，

> **①温情脉脉**
>
> 脉脉：凝视的样子，后形容用眼神表达爱慕的情意。形容怀着温柔的感情，很想表露的样子。
>
> 近义词：含情脉脉
>
> 反义词：冷若冰霜

> **②东窗事发**
>
> 发：暴露。本指秦桧夫妇在东窗下谋害岳飞的罪行败露。比喻阴谋、罪行败露。
>
> 近义词：走漏风声
>
> 反义词：秘而不宣

③朋比为奸

朋比：依附，互相勾结。（坏人）勾结在一起做坏事。

近义词：狼狈为奸

反义词：公正无私

顿时有了主意，娇声说：“一直以来，我对你可是高山仰止，既然你也想要宝物，不如咱们两个分了这宝贝。”

白龙马听出她话里有话，就问：“怎么分？”小龙女说：“不如你留在碧波潭，做龙宫的驸马

爷，何必做那人人骑乘的白马呢？以后我们做了夫妻，还分什么彼此呀，那宝物自然归你了。”

小龙女不知白龙马是替金光寺讨回宝物，还沉浸在自己的好谋算里。白龙马一听，就先假意投诚，哄得小龙女高高兴兴地取出佛珠。小龙女笑着说：“三太子，以后咱们就是一家人……”话还没说完，白龙马一把夺去佛珠，大声道：“哼，我已皈依佛门，怎么可能跟你这个妖精**狼狈为奸**④？”说完，他踏着水浪冲出龙宫。

回到金光寺，大家把佛珠重新放回塔顶，顿时霞光万道，瑞气千条。大家对唐僧师徒都**感恩戴德**⑤，一直将他们送出城外。

④狼狈为奸

狼狈：传说狈是与狼同类的野兽，因前腿短，要趴在狼身上才能行动。狼同狈常一起出外伤害牲畜。比喻互相勾结干坏事。

近义词：朋比为奸

反义词：疾恶如仇

⑤感恩戴德

感：感激；戴：尊奉，推崇。感激别人的恩德。

近义词：结草衔环

反义词：忘恩负义

成语竞猜赛

将空缺的成语补齐完成接龙。

	蛋		抱	不	
鸡					起
		心			坐
					井
		不			
			烂	真	天

一座成语金字塔，高入云霄，可惜塔中缺字漏沙，快成危楼了，请你帮忙把缺字的成语填补完整，让金字塔看起来既协调又美观。

恩（ ）（ ）山

结草（ ）环　恩同再（ ）

恩（ ）义重　感恩（ ）德　恩同（ ）（ ）

感恩（ ）报　感激涕（ ）　感人（ ）腑　知（ ）之恩

白龙马讲笑话

几点起床

趣学故事汇

第18集 朱紫国国王得了相思病

话说白龙马驮着唐僧一路西行，这天师徒四人来到一座大城外，只见城头写着“朱紫国”。师徒四人说说笑笑进了城。

一进城门，只见街上人来人往，**络绎不绝**①，个个都是西域的穿着打扮。街道两边**熙熙攘攘**②，有不少特色小吃，把八戒馋得直流口水。白龙马一切都看在眼里，忍不住笑了起来。不一会儿，街上的人越来越多，围着唐僧师徒看热闹。唐僧害怕徒弟们**惹是生非**③，就赶紧找了家客栈休息。

天色尚早，悟空和八戒闲得无聊，就到街上闲逛。忽然两人看见城墙上有张皇榜，上面写着

①络绎不绝

络绎：往来不断，前后相接。形容人马、车船来来往往，接连不断。

近义词：川流不息

反义词：稀稀落落

②熙熙攘攘

熙熙：和乐的样子；攘攘：纷乱的样子。形容人来人往，喧闹纷杂。

近义词：人来人往

反义词：杳无人迹

③惹是生非

惹：引起；是、非：口舌，事端。招惹是非，引起争端或纠纷。

近义词：无事生非

反义词：安分守己

治好国王的病赏赐白银万两。悟空和八戒立马来了兴趣，揭下皇榜欢天喜地地进宫，给国王看病去了。

见了国王，悟空**装模作样**[④]地给国王看病，他瞧国王面容憔悴、神情倦怠，就知道国王得了

相思病。他假装问："陛下，是不是有心事？"国王一听，连连点头。悟空一边给国王诊脉，一边说："陛下脉象阴沉，是为一个女子忧心吧？"此话一出，国王连声称赞："神医果然**料事如神**[5]。"接着，国王又连连叹气，伤心地说："三年前，我和王后金圣娘娘在御花园赏月，忽然刮起一阵怪风，吹得人睁不开眼睛。等风停了，睁眼一看，王后已经不见了。这三年我派人四处寻找，却始终没有找到。"

悟空笑着说："陛下的病根我已经找到了，等我给你开一剂药，你按照药方吃，保证药到病除。"国王听了**感激涕零**[6]，立马命人跟悟空去药房取药。悟空哪有看病拟方的本事？到了药房他让侍从每种药都取一两。大家从没听说这样抓药的，仔细一琢磨，他是神医，药方自然特别一些。不一会儿，侍从们就包了一个大药包给悟空。悟空笑着说："今晚我回去配药，明天再送到皇宫。"说完，一路小跑回客栈了。

④装模作样

装样子，故作姿态。
近义词：装腔作势
反义词：落落大方

⑤料事如神

料：预料。形容人预测事情非常准确。
近义词：未卜先知
反义词：无

⑥感激涕零

涕：眼泪；零：落下。感激得眼泪都流下来了。形容万分感激。
近义词：感恩戴德
反义词：忘恩负义

趣味练练

日常生活中，我们每时每刻都在关注时间。有时候，我们感觉稍纵即逝，有时候，我们又感觉度日如年。生活中有许多记录和衡量时间的成语，继而出现了很多“时间之最”。下面是一些“时间之最”的题目，你赶快来做一做吧！

一日三秋　一刻千金　千秋万代　千载难逢
度日如年　白驹过隙　天长地久

最昂贵的时间：

最难消磨的时间：

最短的季节：

最短的时间：

最长的时间：

最永恒的时间：

最难得的时间：

成语接龙游戏，我们已经非常熟悉了。现在，请按照顺时针方向，将小蝴蝶身上的空缺补充完整吧。

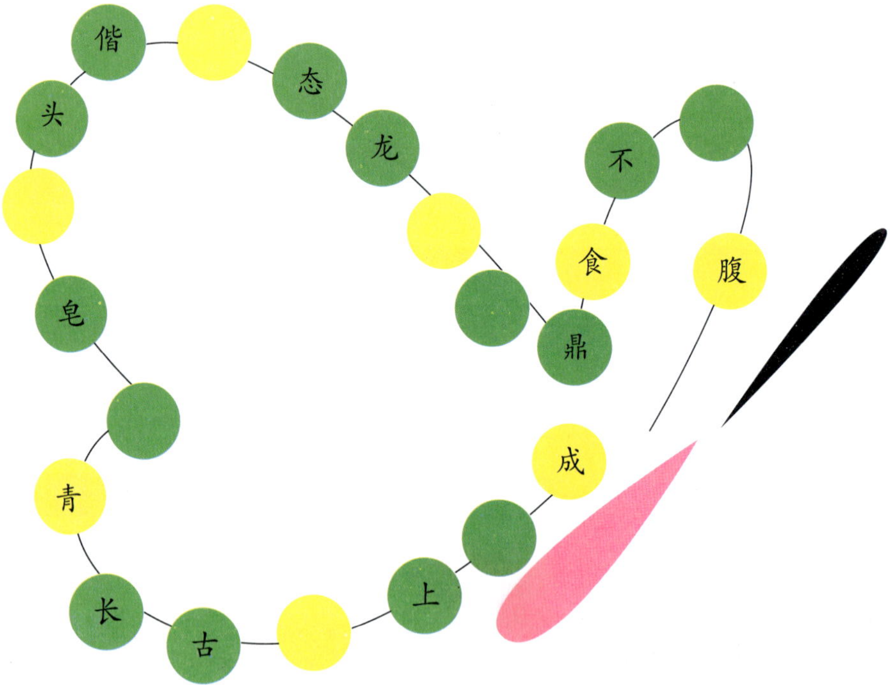

偕 态 龙 鼎 食 不 腹 成 上 古 长 青 皂 头

白龙马讲笑话

最长与最短

第19集

猴哥不仗义，让我当药引子

悟空回到客栈叫上八戒、沙僧，**迫不及待**[①]地往马棚走。八戒正纳闷，就问：“猴哥，你是给国王看病，咱们跑到马棚干什么？”悟空笑着说：“咱们去马棚制药。”两人不知悟空葫芦里卖的什么药，只好跟着去马棚。

到了马棚，悟空取一两大黄、一两巴豆将两种药材磨碎，倒在空碗里。沙僧一边挑选药材，一边问：“大师兄，还要什么药材？”悟空摆摆手，说：“不要啦，不要啦。”惊得八戒下巴都快掉地上了，他撇着嘴说：“猴哥，几百两药，就用二两，你这是**暴殄天物**[②]呀。”悟空踢了八戒一脚，说：“呆子，别瞎说。快去弄点锅底灰来，它能

①迫不及待

迫：紧急。急迫得不能再等待。形容心情十分急切。

近义词：急不可耐

反义词：从容不迫

②暴殄天物

暴：残害，糟蹋；殄：灭绝；天物：指自然界生存的万物。原指残害灭绝各种自然产生之物。后泛指任意损害、糟蹋物品。

近义词：铺张浪费

反义词：敝帚自珍

③不知所以

所以：为什么。不明白为什么会是这样。指原因不明。

近义词：不知就里

反义词：了如指掌

治百病呢。”不一会儿，悟空准备好药材，走到白龙马身边。

一直看着他们制药的白龙马突然开口：“好啊，我说你们制药怎么非要到马棚，原来是想让我帮忙！”八戒和沙僧**不知所以**[3]，悟空笑嘻嘻

地说："贤弟，快撒点马尿。"八戒、沙僧听了**异口同声**[④]地说："什么，你拿马尿拌药？"

白龙马哪里肯尿，躲着悟空到一旁去，悟空又追到一旁。白龙马没法子，只好说："大师兄，我本是西海龙王三太子，我要是在水里撒尿，水中的鱼喝了就能变成龙；要是在山上撒尿，山头的草闻了味就能变成灵芝，吃了它可以长寿。我又怎能**轻而易举**[⑤]地撒尿呀？"

悟空哪管那些，劝说道："好贤弟，你现在是救人呢。况且那朱紫国国王也不是凡夫俗子，你就尿一点儿，救了他的命就行。"悟空在一旁软磨硬泡，白龙马也没了办法，只好尿了几滴马尿，给药材当药引子。白龙马**闷闷不乐**[⑥]地说："大师兄，以后再有这样的事，你可别惦记我了。"说完，趴在一旁睡觉了。悟空三人将药材连夜搓成药丸，之后，也入睡了。

④异口同声

不同的人说出同样的话。形容众口一词。

近义词：众口一词

反义词：众说纷纭

⑤轻而易举

形容事情容易做，不费力气。

近义词：易如反掌

反义词：谈何容易

⑥闷闷不乐

形容心里烦闷，不快活。

近义词：郁郁寡欢

反义词：心花怒放

俗话说，三百六十行，行行出状元。从事好每一行都需要杰出的才能，下面的成语含有各种才能，请你将它们归归类。

口　　才：　　　　写作才能：

军事才能：　　　　没有才能：

隐藏才能：　　　　展现才能：

观察才能：　　　　记忆才能：

阅读才能：　　　　创新才能：

绘画才能：　　　　医疗才能：

别出心裁　韬光养晦　崭露头角　独具慧眼　一目十行
出口成章　生花之笔　过目不忘　胸有甲兵　绣花枕头
生花妙笔　大显身手　藏巧于拙　文不加点　妙手回春
三寸之舌　文韬武略　明察秋毫　丹青妙手　运筹帷幄
韬光晦迹　独具匠心

数字猜成语

根据左图中的数字填写成语。

12345609	
1256789	
1+2+3	
333　555	
5　10	
9 寸 +1 寸 =1 尺	

白龙马讲笑话

稀有动物

第20集

皆大欢喜取西经

第二天，悟空、八戒、沙僧拿着药丸见国王。国王闻着药丸有股臊气，就问药的来历。悟空脑筋一转，编了个瞎话，说这药名叫乌金丹，是拿天上飞的老鸦屎，水中游的鲤鱼尿，王母娘娘的搽脸粉，老君炉里的炼丹灰，三块玉帝戴烂的头巾和五根龙须制成的，必须要用无根水服用。

国王一听，连忙问无根水是什么。悟空说，这无根水不是井水，不是河水，必须是天上降的雨水。可当时**风和日丽**[①]、**天朗气清**[②]，哪来的雨水？没办法，国王只好等雨水来了再服药。八戒一琢磨，小声对沙僧说："我有办法降雨，你们在这儿等着，我一会儿就回来。"

①风和日丽

和：和缓；丽：明媚。微风柔和，阳光明媚。形容天气晴好。

近义词：风和日暖

反义词：凄风苦雨

②天朗气清

形容天气晴朗，空气清新。

近义词：风和日丽

反义词：天昏地暗

③如堕五里雾中

堕：落，掉；五里雾：大片浓密的雾。好像掉在一片大雾里。形容陷入迷离恍惚、迷惑不解的境地。

近义词：如堕烟雾

反义词：豁然开朗

八戒一路跑到客栈，牵着白龙马冲到皇宫。白龙马被八戒弄得**如堕五里雾中**③，小声问："怎么了，这么着急地叫我来？"八戒憨笑着说："贤弟，你快变成龙给这儿降点雨，好让国王吃药。"悟空、沙僧听了哈哈大笑，白龙马沉着脸，动也不动。

八戒急了，催促说：“好贤弟，快变成龙施雨呀。”白龙马把头一歪，没好气地说：“施雨？我是火龙哪会施雨。”听了这话，八戒**哑然失笑**④，一时间不知道该怎么办，嘟囔说：“这可怎么办？难道还要再等雨吗？”悟空笑着说：“白龙马不会施雨有人会，等我把东海龙王找来。”说完，他念个咒语，天边飘来一朵乌云。东海龙王听说让他降雨，说：“我没带降雨的武器，只能打两个喷嚏降些小雨。”说完，他藏进乌云里，打了两个喷嚏，顿时天空中飘起**斜风细雨**⑤。

国王吃了药丸果然病痊愈了，只是他心里想念王后，又请悟空几个找回金圣娘娘。白龙马琢磨金圣娘娘是被妖精抓去的，就和三个师兄一起搜寻，果然发现妖精的踪迹。四人见那妖精是麒麟山的大王，一起发力制服妖精，救出了金圣娘娘。

朱紫国国王和王后**久别重逢**⑥非常高兴，对唐僧师徒更是感激涕零，摆上大桌斋饭为唐僧师徒饯行。吃完斋饭，收拾好行李，白龙马又驮着唐僧取经去了。

④哑然失笑

哑然：形容笑声；失笑：不由自主地发笑。情不自禁地笑出声来。

近义词：忍俊不禁

反义词：无

⑤斜风细雨

形容春天烟雨迷蒙的景象。

近义词：无

反义词：狂风暴雨

⑥久别重逢

长久地分别后重新相会。

近义词：班荆道故

反义词：生离死别

成语金字塔

根据图示，将下面的成语补充完整。

成语回廊

将下图成语迷宫缺少的字补齐。

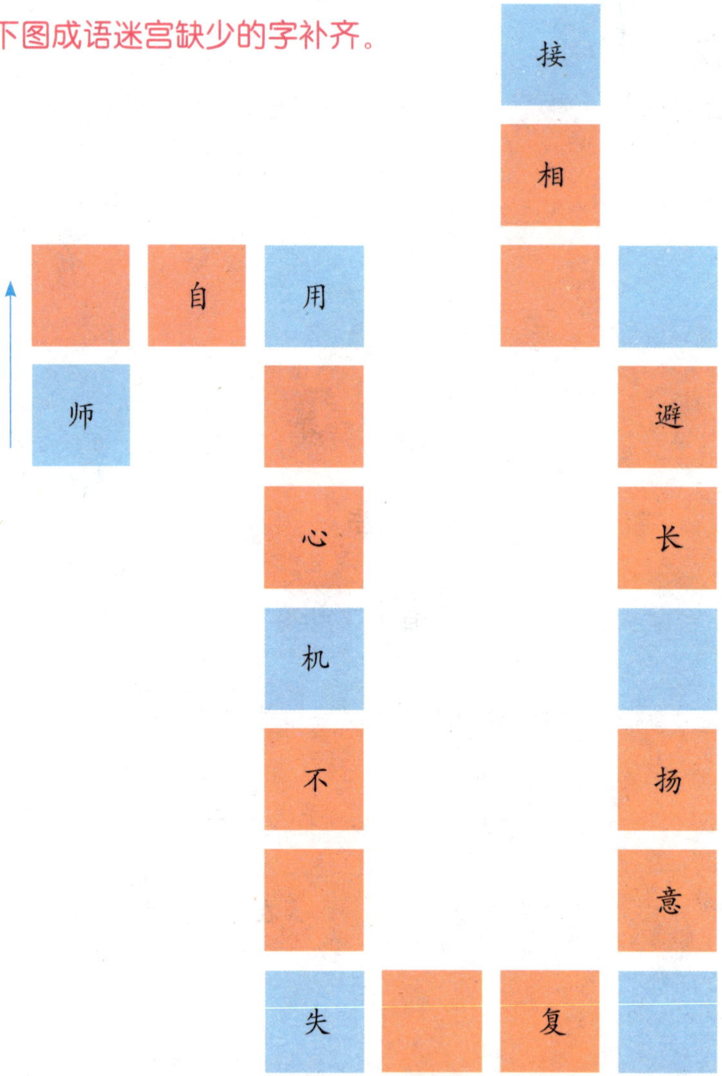

				接	
				相	
	自	用			
师					避
		心			长
		机			
		不			扬
					意
		失		复	

成语连连看

花谢花飞飞满天——落英缤纷　君王掩面救不得——爱莫能助

高堂明镜悲白发——顾影自怜　柳暗花明又一村——峰回路转

成语练习场

飞短流长　长风破浪　浪子回头　头头是道　道听途说　说三道四　四面八方

方寸之地　地久天长　长长久久

回环龙游戏

理屈词穷　穷途末路　路人皆知　知情达理

趣味连连看

百灵鸟——燕语莺声　百米赛跑——奋起直追

夜校出人才——大器晚成　拜在隐者门下——师出无名

稗子挤在禾中间——良莠不齐　板门店谈判——美不胜收

成语练兵场

一点一滴　滴水穿石　石沉大海　海阔天空　空穴来风　风言风语　语重心长

长命百岁　岁寒三友

兵队大集合

白日做梦　梦寐以求　求之不得　得意忘形　形单影只　只言片语　语无伦次

第4集

成语连连看

君王掩面救不得——爱莫能助　无心插柳柳成荫——歪打正着

相逢何必曾相识——一见如故　此曲只应天上有——不同凡响

同字接龙游戏

笼络人心　心烦意乱　乱臣贼子　子虚乌有　有的放矢

第5集

趣味接龙

面目全非　非亲非故　故弄玄虚　虚有其表　表里如一　一毛不拔　拔苗助长

长幼尊卑　卑躬屈膝

迷宫填空题

长治久安　安贫乐道　道不拾遗　遗臭万年　年富力强　强词夺理　理屈词穷

穷兵黩武　武艺超群　群策群力　力不从心　心安理得　得不偿失　失魂落魄

第6集

谐音接龙游戏

比比皆是　事半功倍　背道而驰　持之以恒　横冲直撞

壮志凌云　芸芸众生　升官发财　才高八斗　豆分瓜剖

龙盘虎踞

镜花水月　月落星沉　沉默寡言　言无不尽　尽心竭力　力可拔山

山高水长　长年累月　月明风清　清正廉明　明辨是非　非亲非故

第7集

漩涡接龙

凹凸不平　平心静气　气象万千　千变万化　化为乌有　有机可乘　乘风破浪

成语竞猜赛

爬竹竿——节节上升　无底洞——深不可测　望江亭——近水楼台

脱粒机——吞吞吐吐　农产品——土生土长　彩调剧——声色俱厉

黑板报——白字连篇　飞行员——有机可乘　跷跷板——此起彼伏

婚丧事——悲喜交加　打边鼓——旁敲侧击

第8集

铁锁连江

心有灵犀——《无　题》——李商隐

直捣黄龙——《宋　史》——岳　飞

马革裹尸——《后汉书》——马　援

沐猴而冠——《史　记》——项　羽

鸡鸣狗盗——《史　记》——孟尝君

缘木求鱼——《孟　子》——梁惠王

鹿死谁手——《晋　书》——石　勒

成语猜成语

鹊巢鸠占——化为乌有　尽收眼底——一览无遗　逆水划船——力争上游

石榴成熟——皮开肉绽　举重比赛——斤斤计较　枪弹上膛——一触即发

全面开荒——不留余地　聊斋志异——鬼话连篇　零存整取——积少成多

愚公之家——开门见山　盲人摸象——不识大体　清浊合流——泾渭不分

四通八达——头头是道

第9集

圆圈成语游戏

间不容发　发扬光大　大义灭亲　亲密无间

数字成语接龙

一心一意　一分为二　不三不四　四面八方　五光十色　六神无主　七零八落

半斤八两　九牛一毛　十万火急　百家争鸣　千军万马　一目十行　一刀两断

第10集

谜语园地

跋作序言——本末倒置　纸老虎——不堪一击

半身像——抛头露面　半夜不怕鬼叫门——心安理得

半夜摸鱼虾——暗中摸索　此时无声胜有声——弦外之音

无舵之船——不由自主

成语大观园

令人发指　指日可待　待人接物　物尽其用　用武之地　地大物博　博古通今

今非昔比　比比皆是　是是非非　非同小可　可歌可泣　泣不成声　声泪俱下

下不为例　例行公事　事出有因　因地制宜　宜嗔宜喜　喜形于色

第11集

成语驿站

出其不意　意气风发　发扬光大　大功告成　成人之美　美中不足　足智多谋

看名著，学成语

1. 动如脱兔　2. 兔走乌飞　3. 守株待兔　4. 兔死狐悲　5. 兔死狗烹　6. 狡兔三窟

第12集

完形填空

斗志昂扬　扬眉吐气　气味相投　投机取巧　巧立名目　目送手挥　挥洒自如
如释重负　负荆请罪　罪魁祸首

开心填成语

快马加鞭　汗马功劳　老马识途　心猿意马　走马观花
招兵买马　塞翁失马　车水马龙　天马行空　人仰马翻

第13集

配钥匙

人有悲欢离合，月有阴晴圆缺——悲欢离合
老骥伏枥，志在千里；烈士暮年，壮心不已——老骥伏枥
去年今日此门中，人面桃花相映红——人面桃花
身无彩凤双飞翼，心有灵犀一点通——心有灵犀
我劝天公重抖擞，不拘一格降人才——不拘一格
怒发冲冠，凭栏处，潇潇雨歇——怒发冲冠

我来填成语

1. 锲而不舍　2. 不耻下问　3. 一劳永逸　4. 漫不经心

第14集

补一补

画蛇添足　杯弓蛇影　虚与委蛇　笔走龙蛇　打草惊蛇　虎头蛇尾　蛇蝎心肠

龙蛇混杂　牛鬼蛇神

成语连不停

1. 十羊九牧　2. 羊肠小道　3. 歧路亡羊　4. 杀鸡儆猴　5. 顺手牵羊　6. 尖嘴猴腮

第15集

成语竞跑赛

大庭广众　众星捧月　月黑风高　高山流水　水落石出　出口伤人

智慧开发题

平淡无奇　奇谈怪论　论功行赏　赏罚分明　明目张胆　胆小如鼠　鼠目寸光

第16集

读诗句，填成语

长风破浪会有时，直挂云帆济沧海——乘风破浪

无穷无尽是离愁，天涯海角寻思遍——无穷无尽、天涯海角

等闲识得东风面，万紫千红总是春——万紫千红

柔情似水，佳期如梦，忍顾鹊桥归路——柔情似水

人有悲欢离合，月有阴晴圆缺，此事古难全——悲欢离合、阴晴圆缺

无可奈何花落去，似曾相识燕归来——无可奈何、似曾相识

千淘万漉虽辛苦，吹尽黄沙始到金——千淘万漉

物是人非事事休，欲语泪先流——物是人非

成语小分队

春季：出水芙蓉　春华秋实　花团锦簇

夏季：绿树成荫　秋行夏令　骄阳如火　五黄六月

秋季：一叶知秋　寒蝉凄切

冬季：银装素裹　天寒地冻　春寒料峭　冰天雪地　白雪皑皑　粉妆玉砌

第17集

成语竞猜赛

鸡飞蛋打　打抱不平　平起平坐　坐井观天　天真烂漫　漫不经心

感恩塔

恩重如山

结草衔环　恩同再造

恩深义重　感恩戴德　恩同父母

感恩图报　感激涕零　感人肺腑　知遇之恩

第18集

时间之最

一刻千金　度日如年　一日三秋　白驹过隙　千秋万代　天长地久　千载难逢

蝴蝶接龙

成千上万　万古长青　青红皂白　白头偕老　老态龙钟　钟鸣鼎食　食不果腹

第19集

“才能”归归类

口　　才：出口成章　三寸之舌

军事才能：胸有甲兵　文韬武略　运筹帷幄

隐藏才能：韬光养晦　藏巧于拙　韬光晦迹

观察才能：独具慧眼　明察秋毫

阅读才能：一目十行

绘画才能：丹青妙手

写作才能：生花之笔　生花妙笔　文不加点

没有才能：绣花枕头

展现才能：崭露头角　大显身手

记忆才能：过目不忘

创新才能：别出心裁　独具匠心

医疗才能：妙手回春

数字猜成语

12345609（七零八落）　1256789（丢三落四）　1+2+3（接二连三）

333　555（三五成群）　5　10（一五一十）　9寸+1寸=1尺（得寸进尺）

第20集

成语金字塔

能者多劳　劳苦功高　高傲自大　大打出手　手足之情　情同手足　足智多谋

谋财害命　命在旦夕

成语回廊

师心自用　用尽心机　机不可失　失而复得　得意扬扬　扬长避短　短兵相接